Tous intouchables ?

Philippe Pozzo di Borgo
Jean Vanier
Laurent de Cherisey

Tous intouchables ?

Écrit en collaboration
avec Vivianne Perret

bayard

18, rue Barbès, 92128 Montrouge Cedex
ISBN : 978-2-227-48511-2

Le peuple des Intouchables

Le film *Intouchables*, réalisé en 2011 par Olivier Nakache et Éric Toledano, raconte avec brio et humour la relation qui s'établit entre deux individus souffrant d'un handicap, l'un social, l'autre physique.

Pour les besoins de la comédie, le film ne s'attarde pas à montrer que la rue est peuplée de personnes handicapées.

Or c'est pourtant la vérité : le handicap est une effrayante banalité.

La nature, l'origine ou la gravité des incapacités sont extrêmement diverses, mais nécessitent des aménagements pour les personnes qui en sont atteintes et entraînent de lourdes conséquences pour elles et leur entourage.

Prenons l'exemple des invalidités physiques qui recouvrent un handicap souvent plus perceptible aux yeux des passants.

Douze millions[1] de Français en souffrent. Soit une personne sur quatre. Cela signifie que cette semaine, en vous rendant à votre travail, en allant chercher le pain ou en conduisant vos enfants à l'école, vous avez probablement croisé le chemin d'une femme ou d'un homme atteint de déficiences motrices ou sensorielles. Une dame, les yeux masqués par de grosses lunettes sombres, qui circulait avec une canne blanche, un jeune homme, casquette vissée sur le crâne, qui actionnait son fauteuil électrique, deux adolescentes surexcitées qui se racontaient une histoire en agitant les mains, mais sans le son.

Vous avez peut-être aussi aperçu un garçon rondouillard à l'arrêt de bus qui prononçait des paroles inintelligibles en secouant la tête. Il est possible que, gêné par l'incohérence de son attitude, vous ayez détourné votre regard de l'un des 900 000 individus[2] en France atteints d'un handicap mental. Un chiffre proche (880 000) de ceux qui souffrent de la maladie d'Alzheimer. L'équivalent, en additionnant les deux statistiques,

1. Enquête « Handicaps-Incapacités-Dépendance » (HID) réalisée par l'Insee entre 1998 et 2001.
2. Unapei, 2007.

de quatre fois la population d'une grande ville française comme Lyon.

Oui, la rue est peuplée d'intouchables.

Cependant le handicap est une réalité complexe qui prend de multiples visages. Aux incapacités physiques et mentales s'ajoutent, entre autres, le mal-logement[1], le chômage et la solitude affective[2] qui sont autant de handicaps producteurs d'exclusion.

La maladie, la nôtre ou celle d'un proche, est à même de nous infliger une épreuve imprévue. Comme l'affirme avec aplomb le docteur Knock, héros de la pièce de Jules Romains écrite en 1923, les gens bien portants sont des malades qui s'ignorent!

L'accident risque, à tout moment, de faire basculer notre vie et de nous transformer en parias, exclus de notre société.

Qui peut alors se vanter de ne pas être un intouchable?

1. Selon le rapport annuel 2010 de la Fondation Abbé Pierre, aux 3,5 millions de mal-logés s'ajoutent ainsi 6,5 millions de personnes fragiles susceptibles de basculer à tout moment dans cette première catégorie en cas d'éclatement de la famille ou de perte d'emploi.
2. Les ruptures d'union sont devenues plus fréquentes et le nombre des célibataires a doublé en trente ans. Au recensement de 2007, un habitant sur sept résidait seul dans son logement. Voir *Population & Sociétés* n° 484, décembre 2011.

Lors de la projection du film *Intouchables*, au moment du générique de fin, vous avez été nombreux à applaudir spontanément. Avant même de plébisciter la qualité de la réalisation et le talent des acteurs, ces applaudissements ne sont-ils pas l'intuition que nous sommes tous des intouchables en devenir ? Brusquement, à l'instar des deux protagonistes du film, nous pourrions basculer dans une forme de handicap et ne plus pouvoir répondre aux normes sociales et économiques.

Les critiques ont déclaré que le sujet du film exaltait la fragilité dans une société qui ne visait que la performance. Pourtant, ce n'est pas la faiblesse qui est louée ici, mais le risque : celui d'avoir osé la rencontre alors que socialement, physiquement, les individus ont glissé au bas de l'échelle.

Qui se tiendra à nos côtés lorsque nous serons vulnérables ? Vers qui allons-nous nous tourner ? Aurons-nous encore une place dans notre société ?

Les réalisateurs souhaitaient filmer cette attention particulière de deux personnes l'une envers l'autre, alors qu'elles n'étaient pas faites pour se regarder. De ces deux fragilités, ont-ils souligné, naît une force[1].

Nous en sommes convaincus, car, tous les trois, nous mesurons au quotidien les fruits de ces rencontres.

1. *L'Express*, 2 février 2012.

La valeur d'une vie ne se résume pas à l'efficacité que nous sommes en mesure de déployer ou aux performances que nous affichons. Elle tient aussi pour beaucoup à notre capacité à entrer en relation avec l'autre. Si nous dépassons nos peurs de la différence, si nous osons conjuguer nos fragilités, alors, la vie peut retrouver un sens, être à nouveau drôle, tendre et profonde.

Notre conviction est nourrie par nos expériences croisées.

C'est la raison pour laquelle nous lançons un appel.

Il n'est en aucun cas une théorie politicienne ou une réflexion philosophique, mais un appel à l'espérance.

Oui, nous pouvons découvrir une richesse inespérée dans la fragilité. Oui, la société peut devenir plus juste, plus humaine si nous acceptons de renouer avec le sens profond de la fraternité. Car il est le seul qui réponde à cette question fondamentale : quel est le sens de la vie ?

L'EXPÉRIENCE DE LA FRAGILITÉ : QUI SOMMES-NOUS ?

Philippe Pozzo di Borgo : le grand témoin

Jean Vanier et Laurent de Cherisey ont choisi de s'engager en faveur des personnes atteintes d'un handicap. Ce n'est pas du tout mon cas. Ma démarche n'est ni volontaire, ni librement consentie. J'ai subi de plein fouet un choc qui m'a projeté dans un autre monde de fractures et de dégradations. Pourtant, j'y ai découvert un second souffle inattendu.

Auparavant, je ne remarquais pas les personnes souffrant d'un handicap. Je ne voyais pas les personnes âgées non plus. J'avais les yeux fixés sur mon point d'arrivée et j'ignorais totalement les individus abandonnés sur le bord de la route. Et puis en 1993, une mauvaise chute en parapente m'a laissé cassé en mille morceaux. Je me suis réveillé tétraplégique à 42 ans. Je suis immobile, je ne peux ni bouger, ni toucher ceux que j'aime.

Tout ce qui était évident a disparu.

À l'époque de l'accident, j'occupais le poste de directeur délégué des champagnes Pommery (groupe LVMH). Dès que je suis sorti du coma, j'ai voulu reprendre mon emploi, mais la direction a refusé. J'ai brusquement perdu ma fonction sociale et j'ai sombré dans l'inutilité. Financièrement, je pouvais survivre, moralement, c'était une autre histoire. Abdel Sellou, mon diable gardien, asocial et fraîchement sorti de prison, a débarqué dans ma famille un an avant le décès de ma femme, Béatrice. Sans lui, je serais mort de décomposition. Le film *Intouchables* s'inspire de notre relation[1].

Dans l'expérience de cette fragilité que je vis depuis dix-neuf ans, dans la rencontre avec Abdel qui était porteur d'un autre handicap, tout aussi réel et douloureux, j'ai découvert l'espérance. Ce n'est pas l'espoir d'une vie meilleure plus tard. C'est un second souffle qui remet en selle, qui permet d'avancer avec une respiration plus solide, comme celle qu'expérimentent les coureurs de fond, et de vivre pleinement sa vie d'handicapé.

1. *Le second souffle suivi du Diable gardien*, Bayard, 2011.

J'ai compris que je pouvais apporter ma pierre à l'édifice pour que cette société fonctionne, pour qu'elle soit forte de la place qu'elle donne aux plus fragiles. En tant que *guerrier immobile* (reprenant à mon compte le titre magnifique du livre de Bertrand Besse-Saige, lui aussi tétraplégique) j'ai accepté la présidence d'honneur de l'association Simon de Cyrène, pour soutenir le projet des maisons partagées où cohabitent valides et invalides et être au diapason de toutes les différences.

Jean Vanier : le précurseur d'un « vivre ensemble »

Je n'ai jamais eu l'intention clairement définie de fonder une communauté, mais dans ma tête se profilait déjà un idéal de vie commune dans la joie, les fêtes, les rires.

En 1964, lorsque j'ai acheté une maison à Trosly-Breuil, près de Compiègne, et que j'ai invité trois laissés-pour-compte, trois personnes atteintes de déficience mentale à quitter leur institution pour vivre avec moi, j'ai eu conscience de faire un pas irréversible. À l'époque, nombre de personnes vivaient cloîtrées dans un asile ou cachées par leurs parents. J'ai même, un jour, rencontré un adolescent enchaîné dans le garage familial. J'ai donné à ce projet de vie partagée le nom de L'Arche parce que c'est le bateau qui, dans la Bible et le Coran, accueille Noé, sa famille et toutes les espèces d'animaux pour les sauver du déluge qui menace.

Pourtant rien ne me prédisposait à une vocation d'accueil des personnes souffrant de déficience mentale.

La carrière militaire et diplomatique de mon père, le général Vanier, au service de notre patrie, le Canada, avait amené ma famille à se déplacer fréquemment en Europe. En 1942, à l'âge de 13 ans, j'ai rejoint le collège de la Royal Navy de Dartmouth en Angleterre. J'ai été officier de marine jusqu'en 1950, date à laquelle j'ai donné ma démission. Je me sentais poussé sur un chemin personnel et spirituel que la Marine ne pouvait m'offrir. J'ai tâtonné pour trouver ma voie. J'ai cru pendant quelque temps que j'étais appelé à devenir prêtre avant de m'apercevoir que cette orientation n'était pas la mienne. J'ai étudié et obtenu un doctorat de philosophie à Paris avant d'enseigner dans une université canadienne.

Au fil des rencontres, j'ai pris conscience qu'il y avait quelque chose de spécial à faire pour répondre aux besoins des personnes déficientes mentales, avec lesquelles, au départ, je ne me sentais pas vraiment à l'aise.

L'entourage est souvent en butte à de grandes difficultés pour répondre à leurs attentes. Ma conviction que les personnes fragilisées par un handicap mental ont besoin d'un foyer alternatif a trouvé aujourd'hui une résonnance internationale. L'Arche est présente dans près de 40 pays, sur les 5 continents, et regroupe 138 communautés constituées chacune de plusieurs foyers d'hébergement et d'ateliers de travail (centres d'activités de jour ou établissements et services d'aide par le travail). Chaque communauté allie trois dimensions : communautaire, professionnelle et spirituelle. La vie en communauté est fondée sur des relations de réciprocité et de respect mutuel entre les personnes handicapées et des assistants qui ont fait le choix de vivre avec elles.

L'histoire de ce « vivre ensemble » est loin d'être un long fleuve tranquille ! Mais cette expérience au cœur de la fragilité que je vis depuis un demi-siècle m'a appris que la valeur d'un être humain se fonde sur ce qu'il est, en tant que personne, et non pas sur le rôle qu'il tient au sein de la communauté. Dans la rencontre avec l'intouchable surgit une incroyable fécondité, dont il est indispensable de témoigner.

Laurent de Cherisey : le bâtisseur

Souvent l'expérience personnelle est ce qui nous pousse à agir malgré toutes les raisons qu'on aurait de s'écarter du problème. Je n'échappe pas à cette règle. L'histoire de ma famille, confrontée brutalement à la situation de ma sœur dont la vie a été bouleversée à la suite d'un accident de voiture, a guidé mes pas dans le combat que je mène aujourd'hui. Mais ce chemin s'est tracé par étapes.

J'ai tout d'abord suivi une voie entrepreneuriale, en fondant des sociétés de communication et de marketing. J'ai également cofondé, en 2003, avec des amis, Reporters d'espoirs, un réseau dont le but est de promouvoir l'information porteuse de solutions. L'année suivante, avec ma femme Marie-Hélène, journaliste à la télévision, nous embarquions nos cinq enfants pour un périple autour du monde, à la rencontre des entrepreneurs sociaux, bâtisseurs d'avenir, dans vingt et un pays ; une expérience que nous avons racontée dans un livre intitulé *Passeurs d'espoir*[1].

En 2005, j'ai moi-même franchi le cap, je suis devenu acteur d'espoir. Je me suis engagé dans l'association Simon de Cyrène, qui a pour but, en relais des institutions, de créer des lieux du « vivre ensemble », fondés sur la relation fraternelle et la dignité de chacun. Nous avons puisé dans le trésor d'expériences que constituait L'Arche fondée par Jean Vanier, en intégrant les spécificités du handicap des personnes cérébro-lésées pour lesquelles nous construisons ces maisons partagées.

1. *Passeurs d'espoir*, 2 vol., Presses de la Renaissance, 2006.

En effet, chaque année, 150 000 personnes sont victimes d'une lésion du cerveau suite à un accident vasculaire cérébral (AVC) ou, à plus de 70 %, à un traumatisme crânien provoqué par une chute ou un accident de la circulation comme dans le cas ma sœur. Les conséquences sont d'ordre moteur, comportemental et cognitif, ces dernières perturbant les fonctions intellectuelles comme la mémoire.

L'objectif était d'offrir à ces personnes qui souffrent de séquelles invalidantes une vie sociale insérée dans la ville, de construire des lieux d'humanité où cohabitent des adultes valides et handicapés, où tous partagent et tous reçoivent dans un lien de personne à personne. Créer des espaces de rencontre et d'échange, où chacun peut être lui-même, sans être seul. Car je suis convaincu que le sens de la vie s'inscrit dans la relation à l'autre et non dans un système de valeurs fondé sur la rentabilité.

Arrêtons de nous mentir

En juillet 2011, Jo Swinson, membre du Parlement britannique et co-fondatrice avec Lynne Featherstone (aujourd'hui ministre) de Campaign for Body Confidence, a obtenu sa première victoire. Deux publicités de la société L'Oréal, dont les produits cosmétiques étaient mis en valeur par des photos de l'actrice Julia Roberts et le modèle Christy Turlington, ont été interdites de publication en Angleterre. L'Advertising Standards Authority, qui contrôle l'application des règles en termes de publicité dans ce pays, a en effet déclaré recevable la plainte déposée par la jeune politicienne. Les images largement retouchées de la campagne L'Oréal induisaient les femmes en erreur en montrant une perfection impossible à obtenir dans la réalité.

Jo Swinson s'est déclarée déterminée à poursuivre son action. La culture visuelle de la télévision, des écrans d'ordinateur, du cinéma et des affiches publicitaires qui est celle de notre siècle doit nous offrir un message plus positif, au lieu de nous contraindre à poursuivre un idéal inatteignable puisque hors du réel. La publicité, souligne-t-elle, n'est que le premier pas d'un combat plus large à mener pour proposer une vision différente de notre condition humaine.

Comme cette jeune femme, nous voulons pointer du doigt la société du mensonge dans laquelle nous évoluons. Nous sommes continuellement enjoints à répondre et à nous maintenir à des critères très élevés de performance, de beauté, de jeunesse, d'invincibilité, voire d'immortalité. Ces pressions induisent une angoisse constante, car, même si nous avons la chance de ne pas être confronté au handicap, nous savons, au plus profond de nous-même, que le propre de notre condition humaine est la fragilité.

Pourtant nous sommes bombardés de messages qui occultent notre vulnérabilité. La société aurait-elle si peur de nous rappeler que nous sommes fragiles ?

N'est-il pas urgent de nous poser cette question fondamentale du sens de la vie ? Le handicap la pose de manière systématique et parfois extrêmement brutale et violente. Un jeune de 18 ans, accidenté de la route, sauvé de la mort par les progrès de la médecine et qui se réveille paralysé, incapable d'envisager un avenir professionnel et sentimental, va se mettre à hurler cette question de toutes ses forces.

Pourquoi m'as-tu gardé en vie ? Pour quoi ? Pour quel projet de vie ?

C'est une question qui fait mal et qui nous est posée lorsque nous croisons des personnes fragiles. Elle agit comme un miroir, nous renvoyant l'image d'un jour où nous serons en situation de faiblesse.

Nous ne pouvons pas faire l'économie d'une telle question.

Si nous nions à toute personne rendue fragile, par l'âge, l'invalidité physique, le chômage et tant d'autres handicaps, le droit à une vie digne et heureuse, cela veut-il dire qu'il faudrait mettre un terme à toute existence qui s'écarterait de l'orbite de la réussite ?

Mais attention, dans ce cas, à quel moment décidons-nous qu'une personne vulnérable doit arrêter de vivre ? Où plaçons-nous la limite à ne pas franchir ?

Si nous n'osons pas répondre à la question fondamentale du sens de la vie, si nous ne nous laissons pas interpeller par la fragilité de notre condition humaine, nous courons le risque de rejoindre les pages les plus sombres de l'Histoire en écartant les individus qui ne correspondent pas à nos critères de réussite.

Nous sommes entrés dans une nouvelle phase de l'histoire de notre planète. Les plus âgés d'entre nous peuvent mesurer l'incroyable bond suscité par les découvertes technologiques que les plus jeunes acceptent comme une normalité. Les expérimentations génétiques et les avancées médicales bouleversent notre vision du corps humain. Mais d'un autre côté, nos sociétés continuent d'engendrer des guerres, des catastrophes écologiques, des tensions, de la fatigue, de la dépression ainsi qu'un sentiment d'isolement.

Le premier jalon d'un chemin vers une société plus humaine serait d'accepter que les personnes vulnérabilisées par le handicap ont hérité d'un rôle salutaire de veilleur.

Pendant des siècles, des hommes patrouillaient la nuit dans nos villages au service de la collectivité, gardiens de notre bien-être et de notre sécurité, nous alertant en cas de danger. Dans notre société d'aujourd'hui, déboussolée, les veilleurs que sont les personnes fragiles nous indiquent une autre voie pour nous diriger vers une société plus humaine.

Nos expériences démontrent que l'acceptation de la fragilité se transforme en un mode d'emploi pour acquérir ce goût du bonheur qui nous fait si souvent défaut.

L'ARGENT, UN ROUAGE ESSENTIEL MAIS PAS FONDAMENTAL

Après la sortie du film *Intouchables*, une dame a adressé une lettre au journal *La Croix* pour faire part de son indignation. Elle écrivait en substance que n'importe quelle personne handicapée, aussi privilégiée financièrement que l'était Philippe Pozzo di Borgo, pouvait retrouver le goût de la vie. En bref, l'argent, s'il ne faisait pas le bonheur, y contribuait grandement.

Cette dame avait raison d'alerter l'opinion sur l'importance d'une compensation financière.

Bien que nous vivions dans un pays où le statut des personnes handicapées fait l'objet d'une législation, la course pour obtenir les allocations indispensables à la vie matérielle est souvent de longue haleine et pleine d'obstacles. On en sort épuisé, découragé et parfois rempli d'amertume.

Lorsque l'entourage se sent affreusement seul à lutter pour aider un proche à mener une existence décente, il lui est parfois presque insupportable d'entendre parler de la valeur et des possibilités des personnes handicapées.

C'est une réalité qu'il ne faut pas occulter : le handicap nécessite des aménagements parfois coûteux et l'investissement des pouvoirs publics est indispensable pour remettre la fragilité au cœur de notre société. Cette participation des instances publiques ne s'exprime pas seulement dans le montant des subventions accordées et la prise en compte de la diversité des handicaps. Elle se dévoile également dans l'accessibilité, qu'elle soit purement physique, ou étendue à la réinsertion, y compris professionnelle. Nous n'avons pas besoin de circuler en fauteuil roulant pour réaliser combien nos villes sont difficiles à vivre ! Encombré d'une poussette, d'un bagage ou de béquilles, traverser une rue ou monter un escalier se révèle soudain un exercice périlleux, voire impossible. Nous sommes capables de marcher sur la lune, mais les ascenseurs qui sont les seuls moyens d'accès d'une personne à mobilité réduite à son domicile, aux métros des grandes villes et aux étages des magasins sont régulièrement en panne, voire inexistants !

L'aide apportée par l'État a également des répercussions économiques positives. Les maisons partagées Simon de Cyrène, qui ont ouvert à Vanves, dans le département des Hauts-de-Seine, en 2009, emploient quarante personnes. Le financement a été assuré par les subventions au logement social, par un emprunt à la Caisse des dépôts, et par des dons privés. Selon Jean-Louis Laville, professeur au CNAM, les secteurs qui regroupent l'économie sociale (définie par le statut d'association, de coopérative ou de mutuelle), l'économie solidaire (qui correspond à une nouvelle dynamique démocratique dans l'économie) et l'entrepreneuriat social (un moyen de traiter des questions sociales par l'initiative privée) représentent un emploi sur dix en France[1].

De plus, il est bien plus productif pour les affaires de tenir compte de l'homme et de son environnement !

Ainsi que le rappelle Bertrand Collomb, ancien PDG de Lafarge et auteur d'un livre sur la responsabilité sociale de l'entreprise[2], il est indispensable de ré-humaniser le monde du travail en prenant en compte que l'homme fait partie d'un bien commun que l'entreprise enrichit par sa prospérité ou appauvrit par ses échecs.

1. *Les Échos Entrepreneur*, juin 2011.
2. Bertrand Collomb, Samuel Rouvillois, *L'entreprise humainement responsable*, Desclée de Brouwer, 2011.

Oui, le handicap, sous toutes ses formes, continuera d'avoir besoin d'argent, qu'il s'agisse de dons ou de subventions, afin de proposer des solutions adaptées aux difficultés.

Mais réduire le handicap à une seule compensation financière, fût-elle conséquente, c'est enfermer la personne dans un cadre administratif en lui déniant le moteur fondamental qu'est la relation avec autrui. C'est ce dont témoigne une jeune femme handicapée qui avait reçu une somme importante de son assurance. Sophie s'était installée dans un studio, aménagé pour répondre à son invalidité, et bénéficiait des aides dont elle avait besoin. Pourtant, elle nous confiait qu'elle n'était pas heureuse : « Toutes les personnes qui se déplacent pour me voir sont payées pour le faire. » La gratuité de la relation et de l'échange qui ne soient pas la résultante d'une obligation professionnelle avait disparu, et avec elle, le goût du bonheur.

Lorsqu'on a été mis au ban de la société, la seule chose essentielle, c'est l'Autre.

Il y a un équilibre à instaurer entre la responsabilité de l'État et notre propre implication. Méfions-nous de cette tendance à nous décharger auprès des institutions des points de confrontation qui nous conduiraient à nous interroger sur la fragilité. Les personnes âgées en maison de retraite, les mourants à l'hôpital, les individus atteints de handicaps dans des établissements spécialisés, les asociaux refoulés en dehors des limites. Ajoutons à cette situation une certaine tyrannie des normes qui empêche le handicap de s'intégrer au cœur de nos villes. Pour prendre un exemple concret, lorsque les textes officiels, en cas d'évacuation de secours, exigent deux façades extérieures accessibles pour une résidence accueillant des personnes handicapées moteurs, il est évident qu'un immeuble en centre-ville ne pourra quasiment jamais répondre à cette norme. Toutes ces contraintes sont bien intentionnées, mais le soin de la sécurité d'autrui aboutit alors à une pression sécuritaire. Nous nous éloignons d'une société qui redonne une place centrale à la fragilité pour se construire.

L'argent est bien un rouage essentiel de la prise en compte du handicap, néanmoins, ce qui est fondamental, c'est notre intérêt à côtoyer cette fragilité.

Régler ses comptes avec l'immortalité

Une des clés dans le désarroi où nous plonge la fragilité et le refus que nous en avons tient peut-être dans l'illusion de l'immortalité qu'entretient la société. Le handicap n'est pas attirant ! Il annonce une dégénérescence physique et sociale qui nous fait peur, comme le signe avant-coureur de notre propre mortalité. L'écrivain Milan Kundera résumait ainsi notre refus d'intégrer cette notion évidente de notre condition humaine : « Être mortel est l'expérience humaine la plus élémentaire, et pourtant l'homme n'a jamais été en mesure de l'accepter, de la comprendre, de se comporter en conséquence. L'homme ne sait pas être mortel. Et quand il est mort, il ne sait même pas être mort[1]. »

1. *Le livre du rire et l'oubli*, Gallimard, 1979.

L'approche de la mort est une réalité constante de notre quotidien quand on vit au contact du handicap. Parmi nous, Jean Vanier peut témoigner de la maturité et des facultés de compréhension des personnes avec des déficiences intellectuelles lors d'un décès, alors qu'on les soupçonne souvent de ne pas avoir conscience de la mort. Depuis sa fondation, L'Arche a enregistré de nombreuses disparitions, vécues dans un élan de recueillement et d'attention profond. Avec parfois des rires inattendus, comme le jour où deux résidents, Philippe et Jean-Louis, ont souhaité aller embrasser François, qu'ils aimaient beaucoup, sur son lit de mort, à la veillée funéraire. Jean-Louis se pencha pour déposer un baiser sur sa joue et se retourna vers Philippe, étonné : « Ça alors ! Il est tout froid ! » Ils ont quitté la pièce en riant de cette découverte, ravis d'avoir embrassé un mort. Nous étions abasourdis. À nos tentations d'édulcorer le décès de François par des paroles bien intentionnées répondait la franche réalité perçue par les deux garçons, conscients de leur propre finitude autant que de celle du défunt.

Régler ses comptes avec l'immortalité est indispensable pour redonner sa pleine dimension à la vie ainsi que l'exprime merveilleusement Etty Hillesum[1]

1. *Une vie bouleversée*, Seuil, 1995.

dans son journal, à la date du 3 juillet 1942: « L'éventualité de la mort est intégrée à ma vie; regarder la mort en face et l'accepter comme partie intégrante de la vie, c'est élargir la vie. À l'inverse, sacrifier dès maintenant à la mort un morceau de cette vie, par peur de la mort et refus de l'accepter, c'est le meilleur moyen de ne garder qu'un pauvre petit bout de vie mutilée, méritant à peine le nom de vie. Cela semble un paradoxe: en excluant la mort de sa vie on se prive d'une vie complète et en l'y accueillant on élargit et on enrichit sa vie. »

Appuyons-nous au contraire sur la finitude de notre vie pour la transformer en une existence.

C'est ce qui guide Weera Sunawanachot, dont Laurent de Cherisey raconte les actions dans ses ouvrages[1]. Il travaillait comme producteur pour une chaîne de télévision en Thaïlande et était considéré comme une véritable star dans son pays. Mais à l'aube de l'an 2000, il avait vu mourir plusieurs de ses amis et ces décès l'avaient profondément bouleversé. Il en était venu à se poser inlassablement la même question: « Quel est le sens de ma vie? Si demain je devais disparaître aussi brutalement et rapidement que mes amis, que serais-je heureux d'avoir fait dans ma vie? Qu'est-ce qui comptera vraiment dans mes réalisations? »

1. *Passeurs d'espoir* et *Le grain de sable et la perle*, Presses de la Renaissance, 2006 et 2011.

Weera Sunawanachot avait alors abandonné sa carrière et le statut confortable qui lui était attaché pour se lancer dans un projet qui lui tenait à cœur, mais qu'il remettait à « plus tard », « quand j'aurai le temps », « quand j'aurai le financement »... Sans renier une seule de ses compétences, mais en les orientant dans une autre direction, il a commencé à produire des émissions éducatives réalisées dans les écoles par les enfants. Petit à petit, ce modèle s'est étendu à toute la Thaïlande avant de franchir les frontières et de se dupliquer dans d'autres pays.

Il ne s'agit pas de se prouver quelque chose avant la mort, et de débuter une course folle contre le temps ! Il s'agit de déterminer où est son bonheur en vivant intensément le présent.

Simone de Beauvoir écrivait très justement que « le présent n'est pas un passé en puissance, il est le moment du choix et de l'action[1] ».

Philippe Pozzo di Borgo est certainement celui d'entre nous qui expérimente le plus intensément cette notion de présent que révèle le handicap. Ainsi qu'il le partage :

> J'étais parfaitement dépossédé de moi-même avant mon accident, totalement imbriqué dans les comportements sociaux qu'on attendait de

1. *Pour une morale de l'ambiguïté*, Gallimard, 1947.

moi. L'agitation qui régnait en maîtresse dans mon parcours me projetait sans cesse dans le futur. Je n'étais jamais complètement présent, attentif à ce que je vivais. Soudain, le handicap m'a brutalement immobilisé. La fragilité m'a ôté la notion d'avenir qui avait été la mienne auparavant. Et si ça ne suffisait pas pour me ramener à l'instant présent, la douleur s'en est chargée.

Je souffre en permanence et je ne suis pas le seul dans ce monde à cohabiter avec la douleur. Je n'en avais pas fait l'expérience auparavant, et croyez-moi, elle peut être insupportable. Ma seule solution pour vivre avec cet inconfort terrible est de me concentrer sur l'instant présent. Je suis dans la seconde. Je ne me projette pas dans un avenir avec ou sans la souffrance. J'occupe le présent sur lequel je passais tellement vite avant mon accident. Je me laisse peser littéralement de tout mon poids dans le moment. C'est un travail de tous les instants et je ne voudrais pas laisser croire qu'il est facile. Mais je refuse de m'abrutir et je regarde, je goûte, j'écoute avec plus d'intensité, sans attendre, même si l'inconfort est une réalité de tous les jours. Même dans la souffrance, je suis très content d'être là. Si vous saviez aujourd'hui comme elle est délicieuse ma tasse de café, le matin, au petit déjeuner !

Notre galopade effrénée vers notre vision du bonheur à atteindre pour *enfin* être heureux nous empêche tout simplement de ressentir l'instant présent. Celui-ci peut être extrêmement douloureux comme l'a souligné Philippe. Mais le handicap révèle également que s'ancrer dans le présent permet d'affronter les difficultés.

Les assistants, bénévoles ou rémunérés, qui travaillent avec nous, nous confient fréquemment que le contact avec les personnes handicapées leur fait prendre conscience de la tension provoquée par leur projection incessante vers le futur. Ces tiraillements, entre avenir et présent, sont légitimes. Vais-je quitter mon emploi ? Est-ce que je dois me marier ? Dois-je accepter de partir à l'étranger ?

Le futur prend alors une notion de restriction, porteuse d'une angoisse de la réussite. Or, en côtoyant les personnes handicapées, ils ont été aimés indépendamment de ce qu'ils s'apprêtaient à réaliser ou de leurs réussites antérieures. C'est ce que souligne Pierre, en volontariat civique à L'Arche, lorsqu'il évoque son expérience avec Joëlle, une jeune fille trisomique :

> Joëlle n'avait strictement rien à faire de mes deux licences et de mon doctorat. Elle se moquait éperdument de mes attributs de la réussite. Mais dans la rencontre qui a été la nôtre, j'ai eu le sentiment d'être aimé comme

je suis, maintenant, et j'ai vécu un véritable moment d'éternité.

Dans le film *Intouchables*, une scène a particulièrement marqué Jean Vanier comme une vision d'espérance et d'avenir. François Cluzet, qui joue le rôle du tétraplégique, et Omar Sy, celui de son assistant, sont filmés de dos, contemplant la mer. Il n'y a pas d'échange de mots, pas de projets débattus, seulement l'image intense d'un partage, né de la rencontre.

Un certain regard

Dans *Folles humanités*[1], un documentaire réalisé par Mathieu Vadepied sur le quotidien d'un institut médico-professionnel, Fanny, atteinte d'une déficience mentale modérée doublée d'un léger handicap physique, répond aux questions de l'éducateur de l'établissement : « Pour toi Fanny, tu le situes où le handicap ? Le handicap, c'est quoi ?

– Le regard des autres. »

La réponse est claire, évidente pour la jeune fille scolarisée dans un établissement spécialisé. Son handicap la soustrait à une éducation classique, mais ne la prive absolument pas de son aspiration au bonheur ! Elle sait qu'un certain regard l'écarte de la société et la prive des relations dont elle a soif.

Nous parlons de ce regard qui blesse, qui nous exclut.

1. Les Films sauvages, 2011.

Ainsi, à l'opposé de ce dont témoigne Fanny sans hésitation, plus d'un Français sur trois[1] est persuadé qu'une personne handicapée mentale n'a pas conscience de sa différence et qu'elle est par conséquent incapable de réaliser que sa situation entraîne des discriminations dont elle pourrait souffrir. Pourtant, la plupart des personnes atteintes de déficiences mentales, si elles ne perçoivent pas forcément tous les aspects de leur handicap, ont parfaitement compris que leur vie n'est pas semblable à celle des autres.

Le regard qui exclut nous réduit à nos dysfonctionnements. À la démarche traînante et aux gestes désordonnés de Patrice qui souffre de troubles moteurs et cognitifs, conséquence d'un traumatisme crânien après un accident de moto. Au visage disgracieux pour Clara. Au bulletin de notes désastreux pour Pierre, dont la dyslexie nuit à la scolarité.

Nous avons tous besoin d'être regardés d'une autre façon pour sortir de la souffrance, sinon, nous sommes condamnés à l'enfermement du handicap.

Nous les gars cassés, martelaient Philippe Pozzo di Borgo et Abdel Sellou lorsqu'ils intervenaient lors de conférences, nous ne recherchons pas vos pleurs, mais un autre regard qui nous

1. Enquête Ipsos-Unapei, 2010.

maintiendrait entiers. Nous avons soif d'un sourire, d'un échange qui nous confortent parce qu'ils nous disent que nous existons, que nous avons de la valeur.

« La plus grande des pauvretés est de n'exister pour personne » disait Mère Teresa.

La détresse morale s'atténue lorsque l'isolement est rompu. Le handicap ne rend pas heureux, mais génère sa propre richesse que seules les relations avec l'Autre permettent de vivre.

Les signaux que nous adresse une société portant aux nues le culte de la performance ne sont pas là pour nous inciter à vivre le handicap au grand jour.

Le regard que la personne handicapée porte sur elle-même n'est pas exempt d'exclusion. La honte de ne pas correspondre à la norme la pousse au repli ou à la violence. Malgré l'envie naturelle d'une vie affective, une personne handicapée préférera souvent s'enfermer dans la solitude, plutôt que de risquer le rejet. La situation est d'autant plus dramatique pour les jeunes, dont le handicap est survenu tôt. Les statistiques[1] confirment tristement que le handicap physique instauré avant quarante ans retarde l'union. Il en diminue également la probabilité avec une différence marquée entre les sexes, au détriment des

1. *Lettre de la MiRe*, n° 13, 2007.

femmes. Comment séduire quand on se retrouve abîmée, disait une jeune fille à Philippe, alors qu'ils étaient tous les deux dans le même centre de rééducation : « Je me fais l'effet d'être un déchet bon à jeter à la poubelle dans une société qui impose des canons de beauté déjà difficiles à atteindre avant mon accident. »

Le handicap entraîne une angoisse réelle qui provient du sentiment d'être abandonné, de ne pas se sentir aimé, de n'avoir aucune place dans sa famille, dans la société ou dans la communauté. Nous cherchons un coupable à cette situation, et si nous ne le trouvons pas, nous nous condamnons nous-mêmes.

À ce sujet, Philippe Pozzo di Borgo mentionne qu'il s'est toujours gardé de la hargne qui peut s'installer à reprocher aux valides... d'être valides, quelle que soit l'incapacité. Dans le regard désespéré que la personne handicapée porte sur elle-même, accabler l'entourage et le rendre responsable de ses maux ne favorisent pas la relation. Philippe va encore plus loin en affirmant :

> Nous avons besoin que les gens viennent à nous, parce que notre handicap nous empêche trop souvent d'aller vers eux. Ne leur claquez pas la porte au nez quand ils acceptent de l'ouvrir. Parcourez votre moitié du chemin. Restez aimable. Continuez à séduire, même si

les armes traditionnelles vous sont ôtées, pour susciter l'envie qu'auront les autres de vous approcher.

La personne qui souffre, quel que soit le handicap, renonce souvent à prendre soin d'elle-même. Sa souffrance devient encore plus visible et encore moins attirante. Nous ne sommes pas naturellement portés à nous intéresser à elle et préférons nous maintenir dans notre sphère avec nos amis et dans une situation matérielle plus agréable. Nous nous éloignons d'elle comme elle s'éloigne de nous, aspirée par le cercle de la souffrance.

Les personnes atteintes de handicaps ne sont peut-être pas toujours très compétentes pour répondre aux critères de la société, sur le plan de la production, de l'action ou de l'intelligence, néanmoins elles ont une soif incroyable de relation et d'amitié.

Notre regard est le premier pas pour répondre à cette attente.

Il faut pour cela s'ouvrir à l'altérité, accepter ce qui est distinct. Parfois, revenir à l'étymologie même du terme employé éclaire la profondeur de son sens. Altérité vient du bas latin *alteritas* qui signifie différence. Mais au XIIe siècle, le mot prenait une dimension philosophique de changement, d'altération. Et c'est bien ce qui nous est demandé pour s'ouvrir à l'Autre : accepter de se laisser transformer par ce qu'il est, par le risque de la rencontre.

La transformation agit parfois inconsciemment. Le Driss violent du film, incarné par Omar Sy, qui n'hésite pas à frapper la tête de l'automobiliste contre le panneau d'interdiction de stationner que ce dernier n'avait pas respecté, change de méthode lorsqu'il est confronté pour la seconde fois à cette situation. Il éprouve alors une certaine gêne à se comporter différemment devant son petit frère, qui l'avait connu plus agressif et qui devient le témoin involontaire de la mutation qui s'opère en lui.

Le rire, comme celui qu'a provoqué *Intouchables* parmi les spectateurs, est un moyen privilégié pour apprendre à poser un regard différent.

Parmi les nombreux courriers reçus par Philippe Pozzo di Borgo après la sortie du film, certains spectateurs faisaient état d'une légère modification dans leur comportement, telle cette dame qui avouait avec franchise :

> Lorsque je prends le bus et que j'aperçois deux ou trois grands adolescents noirs, la tête complètement encapuchonnée par la cagoule de leur sweat-shirt, je m'arrange pour m'asseoir loin d'eux. Depuis que j'ai vu le film,

c'est étrange, mais je suis moins apeurée. Driss, le personnage que joue Omar Sy dans le film, m'a fait tellement rire et en même temps il m'a bouleversée par son attitude extraordinaire d'humanité auprès d'une personne tétraplégique. Cette histoire a influé sur ma vision des choses, parce que le véritable Driss, celui qui s'appelle Abdel dans la réalité, a incontestablement aidé cet homme. Il m'arrive à présent de croiser le regard de ces jeunes. Je me dis que je pourrais les considérer autrement que comme une source potentielle de problèmes. Comme Driss, ils pourraient être à même de contribuer à notre société, d'une façon ou d'une autre.

L'attitude de cette dame correspond, selon la formule qu'emploie Abdel Sellou dans sa biographie[1], à « la masse des aveugles qui n'avait rien vu avant de voir *Intouchables* ». Lui-même reconnaît avec humilité que la rencontre avec Philippe lui a ouvert les yeux sur le monde des nantis qu'il croyait détester.

Comprendre la morale de cette histoire inspirée de sa relation avec Philippe Pozzo di Borgo c'est, écrit-il : « Que perdre son autonomie n'est pas perdre la vie. Que les handicapés ne sont pas des

1. *Tu as changé ma vie...*, Michel Lafon, 2012.

bêtes curieuses que l'on peut dévisager sans rougir, qu'il n'y a pas lieu de fuir leur regard non plus. »

Le rire est aussi ce qui a permis à Juliette de poser un autre regard sur Liliane. Assistante pour Simon de Cyrène, elle s'occupait sans aucune joie d'une résidente, clouée sur son fauteuil par un AVC. Liliane n'était pas d'un tempérament facile, Juliette supportait difficilement ses piques. Les deux femmes ne s'appréciaient guère. Un matin, Juliette est arrivée en retard dans la chambre de Liliane où elle devait faire sa toilette. La réflexion acerbe avec laquelle elle a été reçue a atteint la sensibilité de la jeune femme de plein fouet. Elle s'est mise à pleurer, de fatigue et d'énervement. Toutefois, à sa grande surprise, Liliane a réagi en fondant en larmes à son tour. Les deux demoiselles hoquetaient de concert, lorsque brusquement, elles se sont regardées et ont pris conscience de la scène qu'elles devaient offrir. Les larmes se sont muées en un irrésistible fou rire.

Rire ensemble crée un pont entre les êtres et dévoile une unité qui dépasse les différences.

Jean Vanier en a fait l'expérience en fondant L'Arche :

> J'ai longtemps été un garçon très sérieux. J'avais été éduqué dans une école militaire. J'étais devenu marin immédiatement après la Seconde Guerre mondiale dans un

contexte politique et humain difficile. J'avais cherché ma voie avec application. J'avais été un étudiant studieux, plongé dans la philosophie pour appréhender le monde. J'avais enseigné. Et voilà brusquement, qu'au sein de la petite communauté naissante, j'ai réalisé que n'importe quoi peut arriver n'importe quand et n'importe où avec une personne déficiente intellectuellement. Elle peut afficher une absence d'inhibition et réagir avec un cœur d'enfant, là où nous allons habituellement veiller à être très sérieux. Raphaël, qui adorait les farces, n'allait pas se priver de ses pitreries sous prétexte qu'un inspecteur venait de Beauvais pour nous contrôler. À table, à l'heure du déjeuner, il lui a passé le pot de moutarde de son air le plus candide. Lorsque l'inspecteur l'a ouvert, des espèces de vers en plastique mous lui ont sauté au visage. Nous avons tous éclaté de rire !

Les personnes accueillies à L'Arche ne parlaient pas le même langage que moi, pétri d'économie, de philosophie, de politique. Le leur était ponctué de rires, pour de toutes petites choses simples que j'aurais ignorées auparavant. Les repas sont aussitôt devenus des moments de célébrations à n'importe quelle occasion : un anniversaire, un invité, une arrivée. La bonne humeur n'avait pas à être soutenue par l'alcool ou des drogues. Quant à moi, j'ai véritablement commencé à me laisser transformer par ces rencontres lorsque j'ai redécouvert mon cœur d'enfant.

Poser un autre regard sur celui qui est différent revient à se confronter à nos propres faiblesses ainsi qu'à notre peur de ressembler à celui qui n'est plus dans la norme. Une scène du film le résume, lorsque Philippe explique qu'il a choisi d'engager Driss, ce jeune *a priori* incompétent et au passé peu glorieux, parce qu'il le regardait comme un être humain et ne le limitait pas, dans son regard, à son handicap.

Le handicap fait peur ? Procédez par étapes

Cerrie Burnell est une ravissante jeune femme d'une trentaine d'années. Grande, mince, des cheveux blonds qui tombent en cascades bouclées sur ses épaules, elle était la candidate idéale pour animer sur la chaîne britannique BBC CReebies, une émission quotidienne de télévision destinée à un très jeune public. Maman d'un bébé de quatre mois, elle savait à merveille jouer de sa voix douce pour raconter des histoires à ses petits téléspectateurs.

Mais moins d'un mois après le début du programme en 2009, la chaîne s'est mise à recevoir des centaines de messages (quasiment tous anonymes) de parents se plaignant que la présentatrice effrayait leur progéniture à cause de son handicap.

Le bras droit de Cerrie Burnell s'arrête au niveau du coude.

Un père a écrit qu'il refusait que sa fille de deux ans regarde le programme, craignant qu'elle n'ait des cauchemars en voyant le bras inachevé de Cerrie. D'autres parents ont protesté, arguant que les questions de leurs enfants les obligeaient à discuter du handicap « avant qu'ils ne soient prêts ». Un autre déclarait tout de go que tout le monde savait que les handicapés faisaient peur aux enfants.

Pourtant Cerrie Burnell a témoigné d'une tout autre réaction des enfants lorsqu'ils remarquaient qu'il lui manquait une main[1] :

> Les enfants m'approchent tous les jours dans la rue pour m'interroger sur mon bras. Je ne dirais pas qu'ils sont effrayés, mais curieux, indubitablement. Je prends toujours le temps de leur expliquer que je suis née ainsi, avec une seule main. Parce que c'est ce qu'ils désirent vraiment entendre : la cause de ma différence. Mais dès que cette attente a été comblée, les enfants passent à autre chose. Je n'ai pas à commenter le rôle parental de chacun et leur désir ou non d'avoir une discussion avec leurs enfants sur les personnes handicapées. C'est une chose personnelle et les gens doivent le faire lorsqu'ils se sentent à l'aise. Mais j'espère que ma présence sur une chaîne de télévision

1. *BBC News Magazine*, 24 février 2009.

pour un programme destiné au jeune public les incitera à évoquer le handicap, dans la tranquillité et l'intimité de leur propre maison.

Cerrie Burnell n'a pas perdu son emploi et a reçu beaucoup plus de courriers plébiscitant sa présence que l'inverse. Pour sir Bert Massie, qui lutte depuis quarante ans pour l'insertion des personnes handicapées, le problème vient des parents et non des enfants : « Les adultes qui ont des préjugés ou des opinions négatives sur le handicap projettent leurs propres peurs sur leurs enfants. »

Il faut accepter que le handicap nous dérange et nous interpelle, afin de dépasser notre vision négative. Car, ainsi qu'ironise Philippe Pozzo di Borgo, « nous, les handicapés, nous ne sommes pas toujours très présentables. »

L'appréhension naît parfois de la crainte d'être maladroit. Avant de rencontrer Philippe Pozzo di Borgo pour travailler sur le film, Omar Sy confiait qu'il s'inquiétait de l'attitude à tenir, soucieux de ne pas le blesser par son regard[1].

Où se situe le respect lorsque je croise une personne handicapée dans la rue qui peut avoir besoin de mon aide ? En lui proposant mon

1. *Portraits d'Intouchables* de Mathieu Vadepied, bonus du DVD d'*Intouchables*, 2011.

assistance ou en l'ignorant pour ne pas lui rappeler publiquement son handicap ? Taraudé entre mes répulsions, le rejet et la bonne conscience, la décision n'est pas facile à prendre.

Sans compter que la personne à laquelle je souhaite apporter mon soutien peut le refuser. Une petite voix intérieure me susurre de ne pas essayer de l'approcher : « Tu vas avoir l'air malin, tiens, planté dans la rue à te faire rabrouer au vu et au su de tous les passants. »

En fait, nous ne considérons pas souvent la personne atteinte d'un handicap comme un être humain à part entière, qui a le droit d'avoir un avis sur ce qui lui convient. Qui a le droit de dire « non, je ne veux pas ». Qui a le droit d'avoir son propre tempérament, ses propres goûts, ses propres envies. Nous dénions à la personne le droit d'être compétente, de mauvaise humeur, souriante, triste, comme si le handicap avalait totalement sa personnalité et devenait son seul et unique souci. Et si de surcroît, elle ne semble pas suffisamment reconnaissante de la gentillesse que nous lui avons si généreusement accordée, nous le lui reprochons. Il est d'ailleurs frappant, dans le cas où une personne handicapée est accompagnée d'un valide, que ce soit à ce dernier qu'on préfère adresser la parole, indiquant là notre désarroi à communiquer avec une personne qui n'est pas *normale*.

Nous devons nous former à l'altérité.

Très tôt, nos comportements se sont rigidifiés et nous avons appris les normes en vigueur. Un système de défense s'est lentement développé autour des angoisses véhiculées par la fragilité, dressant des barrières entre nous et ceux qui ne correspondaient pas à nos critères.

Ce qui s'est instauré pendant des années ne peut disparaître que par étapes. Il faut prendre le temps nécessaire pour désamorcer le système de défense mis en place.

Il ne faut pas imaginer qu'un engagement volontaire et consenti dans le handicap efface nos blocages d'un coup de baguette magique. Jean Vanier se souvient de ses brillants débuts où il créait la communauté, armé d'excellentes intentions énergiquement refusées par Raphaël et Philippe. Tout déficients mentaux qu'ils étaient, incapables aux yeux du monde, ils n'avaient aucune envie de se laisser mener par un officier de marine habitué à l'obéissance. Ils avaient des désirs qu'ils comptaient exprimer même s'ils allaient à l'encontre des théories de Jean. Il en allait de même pour les villageois, a-t-il découvert.

> Je réalise aujourd'hui l'erreur d'implanter la communauté trop rapidement dans le village, sans prendre en compte les inquiétudes des

habitants sur ce voisinage inhabituel. J'étais heurté par le rejet de certains à voir s'établir des personnes souffrant de handicap intellectuel, sans concevoir l'importance de l'insertion. Je n'ai pas prêté suffisamment attention aux besoins des habitants de Trosly-Breuil et à l'importance d'une collaboration commune. Si l'objectif premier de L'Arche était de permettre aux personnes atteintes d'une déficience intellectuelle de vivre une existence aussi entière que possible, il était également nécessaire de s'insérer dans la communauté élargie du village.

L'expérience a conforté l'intuition première de Simon de Cyrène de s'intégrer d'emblée dans le tissu urbain où sont nées les premières maisons partagées. À commencer avec les habitants de l'immeuble où sont situés les premiers appartements créés. L'invitation à venir partager le quotidien des résidents le temps d'un repas ou d'une soirée, pour dissiper les préjugés, est permanente. Des projets sont en cours pour ouvrir chaque maison partagée vers l'extérieur.

Le contact régulier aide à effacer l'appréhension et à s'avancer vers l'Autre. Au lieu de fuir devant l'image dérangeante que nous renvoie le handicap, attendons un peu. Avec un peu de courage et parfois beaucoup de patience, laissons l'effet de terreur se dissiper. Prenons le temps. Acceptons que notre réaction ne soit pas conforme à nos principes charitables. Philippe Pozzo di Borgo se souvient de sa mère, terrorisée par l'état de souffrance dans lequel il se trouvait après l'accident.

> Elle pénétrait dans ma chambre et, suffoquée par ses larmes, repartait aussitôt. J'ai fini par lui dire de faire un effort lors de sa prochaine visite. Je voulais qu'elle s'assoie à mes côtés et attende un peu. Les larmes auraient fini par s'apaiser et nous aurions pu mutuellement nous faire du bien, au lieu de la voir repartir avec son chagrin et la mauvaise conscience de ne pas être à la hauteur.

Le drame de beaucoup de parents tient dans la différence qui prive leur enfant du cursus traditionnel. Cette phrase : « Mon enfant n'est pas comme les autres » fait peser sur leurs épaules un poids terrible qui ne facilite pas le passage de la question de la normalisation (correspondre à des critères) à la personnalisation (découvrir ses propres richesses et capacités). Les parents sont blessés, et dans leur chagrin, ils ont tendance à s'isoler. Il est par ailleurs indispensable de les soutenir afin qu'ils puissent s'offrir des interludes, respirations essentielles pour ne pas être étouffés par le travail et les tensions générés par leur situation. Aider son enfant à devenir le plus libre, le plus autonome, le plus heureux possible n'est pas un chemin tout tracé pour l'entourage. La route est tout aussi longue pour la personne handicapée.

Pour y parvenir, le groupe est indispensable.

L'interdépendance

Le succès du film *Intouchables* a surpris tout le monde, à commencer par les protagonistes de l'histoire qui a inspiré le scénario. Dans une société occidentale, malade de solitude, deux hommes, éjectés du système en raison de leur handicap, se réintègrent en s'appuyant l'un sur l'autre. Ils sont en état de risquer la rencontre parce qu'ils sont nécessaires l'un à l'autre. Abdel Sellou le formule joliment dans son autobiographie quand il écrit que Philippe lui a offert son fauteuil à pousser comme une béquille sur laquelle il pouvait s'appuyer. Philippe Pozzo di Borgo est formel :

> Je ne sais pas ce qu'est le don gratuit. Je me réconcilie avec moi-même en me tournant vers les autres. Même moi qui n'ai plus grand-chose, je ne me fonds pas dans une espèce de sainteté collective où je donne sans recevoir.

Je reste un individu qui prend sa pleine réalité dans le regard que l'autre lui porte et vice versa.

Nous sommes tous à bord du même bateau dont l'interdépendance est le moteur. Les personnes fragiles ont cette capacité étonnante de nous révéler cette interdépendance. Faibles et démunies sur différents plans, elles sont à l'opposé de l'homme puissant qui ne donne pas prise à la relation. L'homme fort menace de nous écraser, et nos réactions oscillent entre la tentation de taper plus violemment que lui ou nous réfugier derrière nos protections.

La personne handicapée a appris, en le payant parfois très cher, que les valeurs promues par la société – efficacité, rentabilité, performance – ne se conjuguent pas avec le bonheur. Celui-ci s'inscrit dans l'interdépendance.

Le physicien André-Marie Ampère, profondément humaniste, déclarait : « Je posséderais tout ce que l'on peut désirer au monde pour être heureux, il me manquerait tout : le bonheur d'autrui. »

Quand nous réalisons que nous avons besoin de l'Autre, que nous sommes là ensemble les uns pour les autres, nous apprenons le véritable sens de l'interdépendance. Il n'y a pas d'asservissement, de dépendance, ni d'apologie de la faiblesse au détriment de compétences, mais un apprentissage et l'acceptation de recevoir de ceux qui, *a priori*, ne possèdent aucune « valeur ajoutée » pour notre société.

Nous affirmons que le fait de donner notre amitié à ceux qui sont faibles nous libère d'un monde individualiste, fondé sur la concurrence et l'écrasement, et participe à la construction d'un avenir plus humain. Cette déclaration peut sembler exagérée, voire impossible. Pourtant, elle est le fruit de nos expériences croisées.

La fragilité nous appelle à récréer une dimension communautaire, qui ne renie aucunement les découvertes technologiques de ce siècle, mais les oriente vers une société plus humaine où chacun est accepté tel qu'il est.

Cependant l'attitude de respect contenue dans l'acceptation de l'autre ne doit pas masquer la réalité : la fragilité exacerbe nos failles. Gare à la dure révélation de nos propres angoisses qui peuvent nous rendre violents ainsi qu'en témoigne Jean Vanier :

> Jacques criait souvent. Un jour, il a hurlé au moins pendant deux bonnes heures. Je n'en pouvais plus. Je sentais monter en moi une violence inconnue ou du moins que j'étais persuadé de maîtriser auparavant. L'angoisse qu'il exprimait en criant me renvoyait aux miennes et j'étais abasourdi par l'éclosion

> de mon agressivité. Mes murs de protection étaient ébranlés. J'ai découvert avec une surprise horrifiée qu'une personne fragile était capable de susciter du bon en moi, tout comme elle libérait une capacité à faire du mal.

L'illusion la plus fréquente qui nous guette est de nous appuyer dans notre relation avec la personne fragile sur notre certitude d'être quelqu'un de bien. L'illusion d'être invulnérable. Et brusquement le réel nous rattrape. Les mouvements désordonnés de Jeanne pour porter la cuillère à sa bouche nous agacent. Les cris de Jacques nous épuisent. La demande sans cesse répétée de Clara de lui rappeler notre prénom nous irrite. Nous découvrons que la personne fragile nous insupporte et réveille nos craintes et nos mécanismes de défense. À ce moment-là, il est essentiel d'avouer la violence qui sommeille en nous afin de l'exorciser.

La communauté est le garde-fou contre un dérapage possible qui, sans aller jusqu'à la violence physique, peut blesser l'un et l'autre. C'est aussi l'indispensable lieu où exprimer les sentiments qu'on croyait maîtriser jusqu'alors.

L'interdépendance n'a pas à surgir par hasard, lorsque la contrainte l'impose. Elle se découvre au quotidien et évolue progressivement. Dans notre école, notre entreprise, notre immeuble, nous avons pu remarquer une personne plus fragile que les autres vers laquelle aller. Un premier pas discret, timide, hésitant, mais qui existe, suivi d'un autre, va nous aider, petit à petit, à faire tomber la barrière qui nous séparait d'elle.

Dans Intouchable, il y a le toucher

Les intouchables, exclus du système des castes qui structure la société indienne, ont à peine le droit d'être des hommes. Considérés comme impurs, et souffrant de terribles discriminations, les Dalits (les oppressés), ainsi qu'ils préfèrent se nommer, sont intouchables au sens littéral du mot car le fait de les toucher ou même de frôler leur ombre est vécu comme une souillure. Le rejet du corps social s'apparente également au rejet du corps physique.

Une scène du film *Intouchables* raconte, avec humour, l'importance du toucher dans la relation avec la personne fragile. Driss se révolte lorsqu'il prend conscience que son emploi d'assistant va l'obliger à enfiler des bas de contention à son nouveau patron tétraplégique. Il utilise tous les arguments possibles pour éviter ce qu'il considère comme un avilissement, d'autant que le geste même implique qu'il se tienne à genoux, dans une position qui symbolise la soumission. Finalement, Driss cède.

Le toucher, loin d'impliquer la sexualité, devient l'expression de l'acceptation de la fragilité de l'Autre, mais aussi de la nôtre.

Nous le constatons régulièrement : le toucher entraîne une véritable modification dans la relation avec une personne fragile, lui donnant une dimension insoupçonnée. Plus d'un assistant nous a avoué avoir été déçu, en venant travailler à nos côtés, de constater que le soin du corps avait autant d'importance. Ils pouvaient admettre de distribuer des médicaments, de faire tourner les machines à laver le linge, de passer l'aspirateur dans les chambres. Mais la place accordée à la toilette les dérangeait. Beaucoup de ces actes sont effectués par un personnel professionnel. Néanmoins, il est évident que nous n'attendons pas l'infirmière pour nettoyer le visage d'un résident sali par la nourriture à cause d'un manque de contrôle de la bouche ou pour l'emmener aux toilettes !

Nous avons tous fait l'expérience de la force qui émane du toucher pour cimenter une relation, à commencer par Jean Vanier :

> J'ai dû donner un bain à un homme atteint de déficience mentale et qui était très agité.

J'étais jeune, grand et plutôt costaud, mais j'avais de la peine à le contenir dans mes bras. Ce fut une transformation, pour lui, comme pour moi. Il s'apaisait petit à petit, comme si nous communiquions sous une autre forme. Primitive, peut-être, mais réelle. Il y a quelque chose qui se passe au fond de nous lorsque nous touchons le corps de l'autre, dans le respect, et qui débouche sur une relation vraie. La compréhension de l'autre ne vient pas seulement de l'intelligence mais aussi de tout le corps.

Philippe Pozzo di Borgo note un relâchement de la tension chez ses interlocuteurs qui l'ont touché.

Le refus d'un contact physique peut avoir son origine dans la crainte de faire mal. Il suffit alors de me demander si le geste ne me blesse pas. Je ressens aussi que la peur de me toucher, de toucher mon handicap, réveille leur propre peur de la mort. Néanmoins, je remarque un apaisement du corps si le contact a été établi, assouplissant le système de défense.

Du toucher à la tendresse

L'inhibition du toucher provient souvent de sa connotation sexuelle. Pourtant il apparaît bel et bien être une ouverture à la tendresse. La tendresse dont nous parlons n'est pas une libido réprimée. Elle apporte à l'Autre la confirmation de sa valeur et de son sentiment d'exister. C'est un contact doux, délicat, qui rassure. « Un geste tendre, disait Patrick Matthias, psychiatre à L'Arche et aujourd'hui décédé, est à la fois une action fraternelle et un moyen de véhiculer physiquement le sentiment du lien social. »

En retour, nous abandonnons notre carapace protectrice. Nous nous exposons et risquons à tout instant d'être blessé. La tendresse est un sentiment charnière qui annonce notre complémentarité et qui cimente nos échanges.

Sa pleine éclosion se niche dans la patience. Hélène l'a découvert avec Édith.

> J'étais persuadée d'avoir des gestes de tendresse pour Édith dont je m'occupais, ainsi qu'une bonne dose de patience. J'étais d'ailleurs secrètement vexée par ce que je prenais pour un rejet de sa part de mes tentatives. Je mettais son attitude sur le compte de ses propres blessures nées de son handicap. Une collègue m'a fait remarquer que j'avais

tendance à bousculer Édith lorsque la tâche à effectuer se prolongeait, selon mes critères, trop longtemps. Que je n'étais pas en train de l'aider à progresser au rythme de ses capacités mais de la décourager d'avancer. Ce ne fut pas facile, mais j'ai fait un effort supplémentaire, en notant les tressaillements de mon corps, les infimes petits changements indiquant que l'impatience grandissait. Progressivement, nos rapports ont évolué positivement et je me suis aperçue que mes gestes de tendresse n'étaient souvent, en fait, qu'une sollicitude polie. Le plus surprenant dans cet apprentissage de la patience a été le bénéfice que j'en ai retiré pour moi-même ! Un apaisement intérieur qui n'était pas un renoncement ou un désengagement de mes responsabilités, mais bien au contraire, une force étonnante qui me permettait de savourer cette nouvelle tendresse qui s'est établie entre Édith et moi.

De la tendresse à la patience

Nous sommes des impatients dans une société impatiente. Nous nous dénions le temps d'apprentissage et de maturité qui soutient notre croissance personnelle et nous permet de faire aboutir des projets de longue haleine. Dans une culture d'impulsivité, du « tout, tout de suite », le décalage éventuel entre l'énoncé de son désir et sa satisfaction entraîne une frustration intolérable. Nous « zappons » d'un désir à l'autre, sans en recueillir les fruits, sans en digérer l'enseignement. Ce que nous inculquons à nos enfants en bas âge, nous nous le refusons à l'âge adulte. Énervement et impatience caractérisent la société individualiste. Ce constat ne s'applique pas uniquement à la volonté d'accumuler des biens de consommation, mais aussi à notre façon d'aborder les relations. Or l'amitié se cultive, lentement, au-delà de nos différences. Une communauté met des mois, des années pour mûrir, une fois lancée.

L'impatience prend parfois ses racines dans une souffrance antérieure. Les blessures de la vie s'expriment alors par l'agacement et l'exaspération. Poussée à son paroxysme, elle débouche sur des attitudes qui peuvent nous mettre en danger.

Souffrir d'un handicap ne rend pas systématiquement patient ! C'est un apprentissage. Philippe Pozzo di Borgo considère que la patience lui permet de gérer sa propre invalidité. Lui qui ne s'estimait pas du tout d'un naturel patient s'est aperçu que le devenir l'aidait à ne pas s'enfermer dans la prison du handicap.

> Être patient me permet de rester aimable, ce qui est finalement tout simplement une

> question de survie et de bien-être avec les autres. Ralenti par mon handicap, j'ai pris conscience que nous faisions fausse route dans notre quête frénétique à répondre à la moindre sollicitation sans attente et donc sans réflexion. Nous maintenons dans l'impatience l'illusion d'avoir une emprise sur le temps, sur notre environnement.

La patience est essentielle pour l'écoute et l'accueil des personnes fragiles. D'autant plus que leur attitude est quelquefois déroutante, notamment lorsque le handicap entraîne des troubles cognitifs ou mentaux.

Afin de développer pleinement ses relations avec des personnes lourdement handicapées, physiquement et intellectuellement, Jean Vanier a pris conscience qu'il devait ralentir son rythme, être plus attentif et mieux centré sur l'écoute. Lors d'une hospitalisation, il y a quelques années, il a pris une nouvelle leçon de patience, liée à l'incertitude quant à la durée de sa maladie et de sa convalescence, mais également à la privation de son indépendance.

Laurent de Cherisey a mesuré l'importance d'être patient pour voir son projet se concrétiser :

> Je me suis lancé dans l'aventure Simon de Cyrène avec toute la fougue entrepreneuriale

qui caractérisait jusque-là mes actions professionnelles. J'en étais convaincu, dans moins de deux ans le projet allait voir le jour... Deux ans plus tard, pas une seule pierre n'avait encore été posée !

L'impatience et la frustration qui en résultait auraient pu m'obliger à abandonner. J'ai persévéré parce que j'étais soutenu par un groupe qui partageait ma vision d'une société plus humaine, accueillant les personnes fragiles. Il est évident qu'on finit par s'épuiser lorsqu'on est seul à combattre. Réussir à faire bouger les choses demande un effort parfois acharné et requiert de la patience. C'est le contraire d'une certaine mollesse, d'un « à quoi bon » qui vous fait renoncer. La patience, c'est réaliser le difficile équilibre entre la motivation initiale qui vous a poussé à l'action et le projet mené à son terme.

Jean Vanier déclare avec humour que la patience débute quand nous ne supportons absolument plus notre situation et que nous avons atteint nos limites !

UNE RÉVOLUTION INTÉRIEURE

Après l'accident, Philippe Pozzo di Borgo s'est retrouvé dans le silence blanc et aseptisé de l'hôpital. Un espace incolore et inodore hormis l'éther, ainsi qu'il le décrit dans son autobiographie. Pour la première fois, à 42 ans, il a fait une pause. À sa grande surprise, il a découvert les bienfaits du silence.

> Je faisais du bruit auparavant. J'étais toujours dans le mouvement. On imagine le mouvement silencieux, mais c'est faux. C'est du bruit. Je n'accédais jamais au calme. Même lorsque mon épouse était gravement malade, je m'agitais pour oublier mon inquiétude. Je n'ai perçu qu'une fois immobilisé dans un silence quasi permanent que je faisais auparavant, dans ma vie, un boucan d'enfer. Dans ce

silence, j'ai repris possession de moi-même. J'ai commencé à me poser les bonnes questions. Est-ce que mon agitation était justifiée ? Ce silence me révélait une personnalité moins standardisée que celle que je croyais être la mienne. J'ai longtemps été un individu avec des appétits féroces, dressé pour dévorer la planète. On me surnommait « le bulldozer » au sein de mon entreprise. Je me suis découvert fragile et différent. J'enregistrais chaque détail, chaque son, chaque mouvement dans le silence. C'est dans ses profondeurs que je suis allé puiser des richesses insoupçonnées.

Accueillir le silence permet d'écouter ce que nous désirons au plus profond de nous-mêmes. Souvent, nous y confronter éveille des angoisses insupportables. Nous tentons d'étouffer la réalité de cette souffrance intérieure au moyen d'une folle agitation lorsqu'elle est à notre portée. Les personnes handicapées sont, comme les autres, tentées de se soumettre à cette dictature du « boucan d'enfer » évoquée par Philippe Pozzo di Borgo.

Pourtant, ainsi que le remarquait La Fontaine : « Apprendre à se connaître est le premier des soins. » Notre pays est l'un des plus gros consommateurs de médicaments psychotropes au monde. Chez les adolescents âgés de 16 ans, la quantité consommée de tranquillisants et somnifères place la France parmi les premiers pays européens[1]. Si les médicaments peuvent s'avérer nécessaires pour calmer la souffrance, il est trompeur d'imaginer qu'ils sont l'unique réponse à une angoisse intérieure.

Il est parfois curieux de constater que la musique, fabuleux espace de partage et de communion, peut devenir le lieu d'un abrutissement pour éviter la confrontation avec soi-même. Abdel Sellou rapporte dans sa biographie que, même en prison où les journées sont longues et propices à la réflexion, il préférait s'étourdir devant la télévision, plutôt que de formuler dans sa tête les enseignements de ses expériences.

Réintégrons le silence qui constitue une ouverture à la différence, dans notre vie privée comme dans notre vie professionnelle. Le silence est avant tout un état d'esprit, où, en acceptant nos interrogations, nous reconnaissons notre singularité et celle des autres.

Car nous sommes tous uniques. Il n'existe pas deux individus ayant des empreintes digitales ou un code génétique identiques. Il est indispensable d'admettre nos différences et de ne pas les gommer dans un formatage collectif dont seraient exclues

1. *Observatoire français des drogues et des toxicomanies*. Mise à jour de décembre 2009.

les personnes inadaptées. De notre unicité peut naître une unité : celle d'une société bienveillante qui nous redonne le goût du bonheur.

« On ne comprend rien à notre civilisation si on ne pose pas d'abord qu'elle est une conspiration contre toute espèce de vie intérieure[1] », écrivait Georges Bernanos. Il est illusoire d'espérer grandir spirituellement en refusant notre condition humaine, mortelle et imparfaite, tout comme il est impossible de devenir pleinement humain en ignorant la nécessité d'une spiritualité.

Libre à chacun de trouver la voie spirituelle qui lui correspond. Nous ne l'entendons pas comme un tourisme religieux ou philosophique, dont le but serait de cautériser artificiellement une angoisse intérieure, picorant de-ci de-là, empruntant à l'un et à l'autre sans une réflexion profonde. Nous l'envisageons comme un appui indispensable pour nourrir ses interrogations sur les réalités et les aspirations humaines. C'est au fond de soi, dans son intériorité, dans son mystère, qu'on trouve l'Autre.

À ce sujet, Jean Vanier souhaite rapporter une histoire particulièrement significative, car elle témoigne de nos préjugés sur la capacité des personnes handicapées mentales à avoir une vie

1. *La France contre les robots*, Éditions France Libre, 1946.

intérieure. La barrière du rejet n'est pas la seule qui doit être levée, celle de l'ignorance également.

> François, handicapé mental, venait de faire sa première communion. Après la cérémonie à l'église, ses parents avaient réuni la famille autour d'un repas. Le parrain de François glissa à l'oreille de sa mère combien il était désolé que le jeune garçon, étant donné son état mental, n'ait rien pu saisir de la signification de la cérémonie. Blessée par ces paroles, des larmes sont immédiatement montées aux yeux de la maman de François. Son petit garçon qui avait entendu le commentaire s'est alors approché d'elle et l'a consolée : « Ne t'inquiète pas, Maman, Dieu m'aime comme je suis. »
>
> Par ces simples mots, François nous a rappelé que sur le plan de l'ineffable, de l'intériorité, de l'intimité d'une spiritualité, dont l'expression et l'intensité sont personnelles, le valide n'est pas mieux loti que celui qui est atteint d'un handicap.

Dans cette révolution intérieure où nous appelle le silence, vient le pardon. Le mot peut agacer, parce qu'il évoque éventuellement chez certains des relents de pénitence et d'auto-flagellation.

Pourtant, le pardon est indispensable dans une société qui tend à écarter la personne fragile.

Nous avons rêvé d'un enfant, d'un avenir, d'un corps idéalisés. À la place, nous avons donné naissance à un fils intellectuellement handicapé, nous avons divorcé trois fois et cumulons les échecs affectifs, nous avons pris le volant alors que la fatigue nous conseillait de nous reposer et nous nous sommes réveillé dans un fauteuil roulant, nous avons échoué au concours d'entrée d'une école.

Nous sommes si mécontents, si blessés de nos échecs et de nos failles dans une société qui réclame la perfection, que nous sommes portés à nous condamner ou condamner les autres. Nous avons besoin de nous réconcilier avec nous-mêmes, comme avec les autres.

Ouvrons-nous au pardon mutuel qui permet de faire le deuil de notre perfection idéalisée. Il nous libère pour aller à la rencontre de l'Autre et découvrir que la seule richesse, pour laquelle se battre est essentiel, est la fraternité.

Vivre ensemble

Certains critiques n'ont pas été tendres dans leurs commentaires sur *Intouchables*. Un quotidien a même stigmatisé le film en tant que « dictature de l'émotion comme cache-misère de l'absence totale de pensée[1] ».

Interrogé à ce propos par un journaliste[2], le philosophe Alexandre Jollien a plaidé l'inverse : « Un film à thèse aurait été selon moi une aberration totale et la simplicité du film ramène à l'expérience plutôt qu'à la théorie. [...] Ce qui m'a le plus séduit, c'est cette invitation à aller au-delà des rôles que nous propose la société. »

Alexandre Jollien parle lui-même d'expérience. Elle se fonde sur sa formation en philosophie, mais

1. *Libération* du 14 novembre 2011.
2. *Le Nouvel Observateur*, 24 novembre 2011.

également sur son vécu. Atteint d'une infirmité motrice cérébrale, il a été placé dès l'âge de 3 ans et jusqu'à sa vingtième année dans une institution spécialisée. Le cœur de sa réflexion philosophique développée dans ses essais s'articule autour de la singularité des individus et de la solidarité du collectif. Bien avant que Socrate ne devienne un de ses maîtres à penser, le philosophe affirme avoir puisé beaucoup de sagesse auprès des personnes handicapées qu'il a côtoyées pendant ces dix-sept années en institution[1]. Elles lui ont enseigné la simplicité, un amour inconditionnel et une joie de vivre.

Comme en réponse aux critiques émises contre le film, la psychanalyste Julia Kristeva écrivait récemment à Jean Vanier « qu'il fallait arrêter de parler *du* handicap, mais parler *aux* handicapés et vivre *avec* eux ».

Ce « vivre ensemble » qui est notre quotidien est un appel à provoquer une évolution vers une société d'espérance qui nous redonne le goût du bonheur. « La famille humaine ne peut trouver la paix et son accomplissement que si nous nous tournons vers les plus faibles pour les reconnaître et les relever », ainsi que le professe Marie-Hélène Mathieu, fondatrice de l'OCH (Office chrétien des

1. *Éloge de la faiblesse*, Cerf, 1999.

personnes handicapées), avec Jean Vanier dans un ouvrage qu'ils ont co-signé[1] :

> Non seulement ces personnes sont importantes, réellement humaines, mais elles ont un pouvoir de transformer les cœurs si l'on veut bien vivre en relation et en communion avec elles. [...] Le danger, pour nos sociétés, est l'endurcissement des cœurs à cause de la peur qui se répand chez tant de gens : peur de l'échec, peur de perdre un standing de vie, peur de perdre de l'argent, peur des catastrophes et des accidents. C'est justement ceux qui ont vécu des peurs et des humiliations, et qui sont faibles, qui peuvent devenir source d'une nouvelle espérance.

Les personnes handicapées, en dehors des normes de la société, peuvent devenir les messagers d'un monde nouveau vers lequel nous diriger, non plus dominé par la violence, l'agressivité et l'injustice mais par la solidarité et l'accueil.

La loi prévoit l'intégration des personnes handicapées dans le monde du travail. La plupart du temps, ces dispositions sont jugées comme

1. *Plus jamais seuls !*, Presses de la Renaissance, 2011.

des contraintes lourdes et improductives. L'aménagement des locaux et du temps de travail, afin de faciliter l'accessibilité, est fréquemment perçu comme une charité coûteuse à leur égard. La compétence professionnelle est, quant à elle, souvent déconsidérée.

Philippe Pozzo di Borgo, en tant qu'ancien dirigeant d'entreprise, est au contraire persuadé de l'intérêt d'embaucher des personnes atteintes de handicap :

> Je suis convaincu, à présent que j'ai cette double expérience, de l'entreprise et du handicap, que la personne atteinte de handicap, que l'on estime improductive, peu rentable selon nos normes actuelles, se révèle en fait une formidable valeur ajoutée au sein d'une équipe pour insuffler de la cohésion. L'entreprise a besoin d'un esprit collectif pour atteindre les objectifs fixés. Or, la plupart du temps, c'est une bataille qui se livre entre les individus, chacun étant occupé à consolider sa position au détriment du voisin. Le handicap nous enseigne, souvent avec brutalité, l'art de l'Autre, la nécessité du groupe. Alors, lorsqu'on donne la chance à une personne atteinte de handicap de s'intégrer dans une équipe, de récupérer la fonction sociale dont l'a

privée sa fragilité, elle va s'engager tout naturellement dans la voie de la cohésion du groupe. Tout le monde y gagne.

Jean Vanier peut témoigner quant à lui, après quarante années d'expérience, que les personnes ayant des déficiences intellectuelles semblent avoir des mécanismes de défense moins complexes, moins subtils que ceux qui sont les nôtres. Leurs murs de défense sont davantage érigés à partir d'une souffrance intérieure que sur l'orgueil et la soif de pouvoir. La singularité des personnes fragiles figure d'ailleurs dans un article de la charte de L'Arche :

> Les personnes qui ont un handicap intellectuel ont souvent des qualités d'accueil, d'émerveillement, de spontanéité et de vérité. Dans leur dépouillement et leur fragilité, elles ont un don de toucher les cœurs et d'appeler à l'unité. Elles sont ainsi pour la société un rappel vivant des valeurs essentielles du cœur sans lesquelles le savoir, le pouvoir et l'agir perdent leur sens et sont détournés de leur finalité. (II, 3)

Nous voulons, au-delà des droits légitimes de la personne handicapée inscrits dans les textes de lois, parler de responsabilité humaine.

Portons attention, non pas aux idées, mais à la réalité du handicap et aux expériences. Axelle, à 24 ans, souhaitait donner à sa formation théorique en psychologie une approche ancrée dans la réalité. Elle a choisi de devenir assistante à Simon de Cyrène afin de concilier un travail en lien avec ses études et sa recherche de vérité.

> Je voulais être dans le vrai, avec des gens qui disent ce qu'ils pensent. Vraiment, j'avais besoin de cette simplicité. Au contact des personnes qui se reconstruisent dans les maisons partagées après un AVC ou un traumatisme crânien, je prends le temps de découvrir la vie et les autres différemment. Elles nous ramènent à la vraie vie.

Nous sommes tous capables d'entrer en relation avec l'Autre en surmontant nos peurs de la différence pour construire une société d'espérance.

Il est urgent de réinvestir l'engagement. Cela signifie qu'il est urgent de développer des actions locales. Ne laissons pas seuls dans l'épreuve ceux qui ont besoin de notre soutien. Il peut être financier, avec des dons, mais il s'exprime aussi, de manière extrêmement simple, par une main tendue à un voisin, dans son immeuble, dans son quartier. N'attendons pas que l'État décide de la façon de gérer le handicap, comme si cela ne nous regardait nullement. Soyons proches du terrain : rejoignons ou créons des associations, des groupes liés par l'amitié, par des objectifs communs afin d'apporter notre pierre à l'édifice. Ne visons pas le spectaculaire et la rentabilité dans nos actions.

Il s'agit de vivre ensemble.

Mère Teresa employait la belle image de l'infini de l'océan, constitué de multiples gouttes, pour nous rappeler que chacune de nos actions participe à l'élaboration d'une société qui nous redonne le goût du bonheur[1]. Nous savons au plus profond de nous-mêmes qu'il est urgent de sauver notre société de la situation où elle s'enlise pour la faire évoluer vers l'espérance et l'acceptation de nos différences. N'est-ce pas la raison pour laquelle nous avons été aussi nombreux à voir un film où deux souffrances réunies débouchent sur une joie de vivre ?

Ce duo qui se lance dans une relation fraternelle, drôle et chaleureuse illustre « la leçon la plus importante que l'homme puisse apprendre dans sa vie, selon le poète et philosophe Rabindranath Tagore[2], qui n'est pas que la douleur existe dans le

1. « Nous réalisons que ce que nous accomplissons n'est qu'une goutte dans l'océan. Mais si cette goutte n'existait pas dans l'océan, elle manquerait. »
2. Extrait du recueil *Sâdhanâ*.

monde, mais qu'il dépend de nous d'en tirer profit, qu'il nous est loisible de la transmuer en joie ».

Cette leçon est universelle, ainsi qu'en témoigne l'accueil réservé au film. Déjà en tête des films français avec plus de 19 millions d'entrées, *Intouchables* connaît le plus grand succès européen pour un film non anglophone.

Si vous vous croyez trop petit, trop seul, trop faible, trop incompétent, trop découragé, trop... handicapé pour agir, les paroles de Nelson Mandela, extraites de son discours d'investiture à la présidence de l'Afrique du Sud en 1994, sont une réponse magnifique à vos craintes :

> Notre plus grande peur n'est pas que nous soyons inadéquats.
>
> Notre peur la plus profonde est que nous soyons puissants au-delà de ce qui est mesurable. C'est notre lumière, pas notre obscurité, qui nous effraye le plus.
>
> Nous nous demandons : qui suis-je pour être brillant, merveilleux, talentueux ? En fait, qui êtes-vous pour ne pas l'être ?
>
> Se rétrécir devant les autres pour qu'ils ne se sentent pas en insécurité ne fait pas preuve d'une attitude éclairée. Nous sommes tous voués à briller, comme le sont les enfants.

> Nous sommes nés pour manifester la gloire de Dieu. Ce n'est pas le sort de quelques-uns d'entre nous, c'est le sort de tout un chacun. Et quand nous laissons notre propre lumière briller, nous donnons, sans en être conscients, la possibilité aux autres de faire la même chose.
>
> Quand nous sommes libérés de notre propre peur, notre présence libère automatiquement les autres.

Au-delà du bénévolat et du salariat dans le monde du handicap, il est important de souligner que la loi offre et encadre, avec le service civique[1], l'opportunité à toute personne volontaire de s'engager, dès l'âge de 16 ans, en faveur d'un projet collectif.

L'Arche comme Simon de Cyrène accueillent ainsi régulièrement des assistants volontaires, maillons essentiels de la vie communautaire. Concrètement, pendant une durée qui va de six à vingt-quatre mois, selon l'âge et l'engagement, le volontaire contribue à faire vivre l'âme de la maison, en participant à tous les événements qui rythment la vie des résidents, s'articulant autour des activités individuelles et communautaires (repas, loisirs, organisation des déplacements, etc.).

1. www.service-civique.gouv.fr. Voir « Être volontaire : une expérience pour la vie », p. 103.

La vie de volontaire à L'Arche et à Simon de Cyrène est un chemin d'acceptation de la différence, une rencontre inattendue qui nous bouleverse et nous transforme.

Parfois, le volontariat permet de clarifier ses choix et ses attentes face à la vie. Clarisse, par exemple, se destinait à des études de stylisme, mais souhaitait néanmoins consacrer une année de son temps à une activité humanitaire avant de débuter sa vie professionnelle. Après une première semaine passée dans un foyer de L'Arche pour se rendre compte si cet engagement pouvait être le sien, elle a choisi de rester en tant que volontaire civique. Après une année passée auprès des personnes déficientes intellectuellement, elle était décidée à changer d'orientation.

> J'ai poursuivi l'expérience auprès des personnes fragilisées par le handicap en rejoignant Simon de Cyrène. À l'heure où tout le monde ne pense qu'à soi, j'ai trouvé un choix de vie exigeant parce qu'il nous oblige à donner ce que nous avons de plus précieux : le temps et la gentillesse.

Clarisse envisage une reconversion dans une profession sociale, mais la plupart des assistants reviennent à leur vocation première, enrichis cependant par de nouvelles compétences acquises lors du service civique. Laurent de Cherisey est totalement convaincu de l'immense apport d'une telle expérience dans un parcours professionnel.

> Je propose aux jeunes qui m'interrogent sur le volontariat civique de venir passer le diplôme du cœur. Recevoir autant que donner. Découvrir que la vie ne tient pas à l'efficacité ou à la performance mais prend son sens dans une relation simple et vraie.
>
> Nous ne remettons pas, à la fin de la période d'engagement, un beau papier à encadrer au-dessus d'un bureau, mais beaucoup plus que cela, car les compétences qu'enseigne l'expérience avec les plus fragiles serviront à de multiples niveaux, dans leurs carrières et dans leurs vies privées.

Notre principal souci à L'Arche, comme à Simon de Cyrène, est de prendre soin des personnes atteintes de handicap et d'établir des relations véritables avec elles. Mais nous sommes également au service des assistants. Après quelques jours passés en notre compagnie, nous leur demandons : « Êtes-vous heureux ? » Si la réponse est positive, alors nous offrons la possibilité de prolonger le séjour, d'une semaine, puis d'un mois, puis d'une année. Certains, persuadés de ne venir que pour deux semaines, resteront deux ans. D'autres, décidés à s'engager pour deux ans, partiront peut-être au bout de deux semaines. Mais à chaque fois, nous posons la même question : « Êtes-vous heureux ? »

Car l'engagement n'est en rien un enfermement ! Il représente au contraire une ouverture, un lieu possible de transformation profonde.

C'est en vous invitant à vivre ensemble cette transformation profonde que nous confions à Philippe Pozzo di Borgo le soin de conclure :

> J'aimerais bien redevenir valide, pouvoir de nouveau marcher, bouger, prendre mes enfants dans les bras, cesser de souffrir. Malgré l'intensité de ce désir, je ne vois pas l'intérêt de retrouver l'usage de mon corps sans bénéficier de tout ce que le handicap m'a apporté. Recommencer la course folle pour correspondre aux normes de notre société est une compétition perdue d'avance, car la fragilité finit toujours, d'une façon ou d'une autre, par nous rattraper. Je le constate dans les lettres que je reçois depuis la publication de mon autobiographie. Près de la moitié d'entre elles émanent de gens bien portants, qui souffrent pourtant d'un mal-être et d'une incompréhension du monde terribles. Je vis plus intensément et je vois

plus clairement qu'auparavant. Il a fallu que je sois dans un fauteuil avec ma mentalité d'handicapé pour apprécier pleinement le sens de la vie.

Oui, j'aimerais redevenir valide, mais à la seule et unique condition de pouvoir garder mon invalidité dans ma tête.

N'attendez pas d'être Intouchable pour réapprendre le goût du bonheur.

POUR ALLER PLUS LOIN

Bibliographie

Philippe Pozzo di Borgo

Le second souffle suivi du Diable gardien, Bayard, 2011 (Nouvelle édition).

Jean Vanier

La communauté, lieu du pardon et de la fête, Fleurus, 1991 (2e édition).
Toute personne est une histoire sacrée, Plon, 1994.
Le goût du bonheur, Presses de la Renaissance, 2000.
Recherche la paix, Le livre ouvert, 2003.
Entrer dans le mystère de Jésus : une lecture de l'Évangile de Jean, Bayard, 2005.

Avec Marie-Hélène Mathieu, *Plus jamais seuls !*, Presses de la Renaissance, 2011.

Pour en savoir plus sur l'association Foi et Lumière créée par Jean Vanier et Marie-Hélène Mathieu : www.foietlumiere.org

Laurent de Cherisey

Avec Marie-Hélène de Cherisey, *Passeurs d'espoir*, 2 vol., Presses de la Renaissance, 2006.

Recherche volontaire pour changer le monde : les clés du succès de ceux qui l'ont fait, Presses de la Renaissance, 2008.

Avec Vivianne Perret, *Le grain de sable et la perle : quand les personnes handicapées nous redonnent le goût du bonheur*, Presses de la Renaissance, 2011.

L'Arche

L'Arche : l'histoire d'une rencontre

L'Arche est née en 1964 lorsque Jean Vanier propose à Raphaël Simi et Philippe Seux, deux hommes ayant un handicap mental, de venir partager sa vie.

De cette rencontre a surgi la conviction qu'une vie communautaire avec les personnes ayant un handicap mental est une des réponses possibles à leur aspiration profonde à trouver une place dans la société pour y vivre pleinement.

Le but de L'Arche est donc de créer des communautés qui accueillent des personnes ayant un handicap mental en leur proposant un mode de vie communautaire.

Un projet qui valorise la contribution de chaque personne

La spécificité de L'Arche réside dans ce mode de vie communautaire, qui s'inscrit dans des foyers de petite taille, maisons insérées dans la ville ou le village, où 6 à 7 personnes handicapées et 2 à 3 membres de l'équipe d'accompagnement – les assistants – font le choix de partager leur vie quotidienne. Les relations entre les personnes dépassent la simple relation fonctionnelle : c'est une vie de type familial qui est proposée de façon à établir des relations de compagnonnage, d'amitié et faire connaître le don des personnes avec un handicap intellectuel qui se révèle à travers ces relations mutuelles, sources de transformation.

La communauté regroupe plusieurs foyers où une dizaine de personnes (handicapées et assistants) vivent ensemble : c'est pour chacun un vrai « chez soi ». Des lieux de travail ou d'activités de jour existent également pour développer les capacités et l'intégration des personnes handicapées.

Un projet qui fait sens au-delà des frontières

La Fédération de L'Arche compte en France 25 associations en charge de 31 communautés qui regroupent environ 2 100 personnes dont 1 100 ayant un handicap mental. Ces communautés reconnaissent des valeurs communes, exprimées dans la Charte des communautés de L'Arche, et font partie de la Fédération Internationale des communautés de L'Arche. Celle-ci regroupe aujourd'hui 138 communautés dans 40 pays sur tous les continents.

Pour en savoir plus, pour nous soutenir : www.arche-france.org

Simon de Cyrène

L'association Simon de Cyrène développe et anime des « maisons partagées », lieux de vie communautaires où adultes valides et handicapés (suite à des lésions cérébrales, traumatismes crâniens, AVC...) partagent une relation amicale et solidaire.

Chaque année, en France, grâce aux progrès de la médecine d'urgence, 10 000 personnes survivent à un accident grave de la route, du sport ou vasculaire cérébral. Après plusieurs mois de coma, et des handicaps acquis, la vie est bouleversée. Perte de repères, d'emploi... mais aussi risque de solitude et de désocialisation. Se pose alors une question difficile : « Quel sens donner à ma vie désormais ? »

Une réponse innovante

L'association Simon de Cyrène, créée par des personnes handicapées et leurs proches, développe une réponse innovante fondée sur la conviction que la vie prend sens dans la relation gratuite à l'autre. Nous créons et animons des maisons partagées entre personnes handicapées et valides, véritables lieux de vie communautaires. Afin de pouvoir « vivre chez soi sans être seul », chacun dispose de son studio au sein de grands appartements/maisons communautaires.

« La valeur d'une vie ne se résume pas à l'efficacité que nous sommes en mesure de déployer ou aux performances que nous affichons. Elle tient aussi pour beaucoup à notre capacité à entrer en relation avec l'autre. »

Groupe de travail « Projet de Vie »

Retrouver du sens

Au sein de ces maisons et appartements partagés se développe, dans un même quartier, une communauté de vie entre résidents valides et handicapés, mais aussi avec l'extérieur. Si nous dépassons nos peurs de la différence, si nous osons conjuguer nos fragilités, alors, la vie peut retrouver un sens, être à nouveau drôle, tendre et profonde.

« L'arrivée du handicap est un immense choc. Mais très vite surviennent l'isolement et la solitude : ce sont eux qui rendent le plus malheureux. À Simon de Cyrène, je peux me reconstruire pas à pas, partager des activités, nouer des liens forts. C'est comme une famille pour moi... »

Jeanne, résidente depuis 2010

« Ce qui me surprend le plus dans cette expérience, ce sont les résidents qui me donnent envie de continuer. Je me sens bien avec eux. J'aime nos relations de partage, je me sens aussi souvent écoutée que je les écoute. »

Annie, volontaire en service civique

Pour en savoir plus, pour nous soutenir :
www.simondecyrene.org

Être volontaire : une expérience pour la vie

L'Arche et Simon de Cyrène proposent à des jeunes de partager pendant quelques mois le quotidien d'hommes et de femmes en situation de handicap dans le cadre du service civique. Le volontaire vit dans le foyer, participe à la vie commune de manière à créer pour les personnes accueillies un véritable « chez soi ». Sous le contrôle de responsables salariés et en appui au personnel éducatif, le volontaire aide les personnes dans leur vie quotidienne (gestes du quotidien, accompagnement à l'extérieur du foyer, tâches ménagères...), contribue à la vie du foyer (activités de détente...) et participe aux activités proposées aux personnes accueillies.

Une expérience féconde pour les personnes accueillies

La présence des volontaires dans les foyers s'avère décisive car elle rend possible pour les personnes handicapées une vie qui s'apparente davantage à une vie normale qu'à une vie en institution en raison de la nature des relations qui se tissent au fil des jours. La fraîcheur, la spontanéité, la générosité, l'implication de la très grande majorité de ces jeunes sont particulièrement appréciées des personnes accueillies. Cette présence au quotidien contribue à « donner vie » aux personnes en situation de handicap, est source de joie, de vitalité et de dynamisme.

Une expérience fondatrice pour les jeunes

Les volontaires expérimentent des relations humaines fondées sur la différence et la fragilité, qui constituent un véritable apprentissage du lien social. Il change leur regard sur le handicap et leur permet de développer une vision sociale basée sur la concertation, le consensus et la responsabilité. C'est pour les jeunes un temps d'élaboration, de maturation de leur projet professionnel et de leur développement personnel.

Être volontaire à L'Arche ou à Simon de Cyrène, c'est être prêt à se laisser bouleverser par une rencontre inattendue dont on reviendra différent.

Une expérience dynamisante pour les associations d'accueil

La présence de volontaires introduit un questionnement et une extériorité qui renouvellent la créativité et la posture des équipes, leur regard sur les personnes et les situations.

Pour en savoir plus :
www.arche-volontaire.org
www.simondecyrene.org/personnes-handicapees/le-volontariat-service-civique-a-simon-de-cyrene-cest.html
www.service-civique.gouv.fr

Table des matières

Le peuple des Intouchables 7

L'expérience de la fragilité :
qui sommes-nous ? 13
Philippe Pozzo di Borgo : le grand témoin 13
Jean Vanier : le précurseur d'un « vivre ensemble » ... 15
Laurent de Cherisey : le bâtisseur 17

Arrêtons de nous mentir 21

L'argent, un rouage essentiel mais pas
fondamental 25

Régler ses comptes avec l'immortalité 31

Un certain regard 39

Le handicap fait peur ? Procédez par étapes 49

L'interdépendance 57

Dans Intouchable, il y a le toucher 63
Du toucher à la tendresse 66
De la tendresse à la patience 67

Une révolution intérieure 71

Vivre ensemble 77

Pour aller plus loin 91
Bibliographie 93
L'Arche 95
Simon de Cyrène 99
Être volontaire : une expérience pour la vie 103

Mis en pages par DV Arts Graphiques à La Rochelle

Achevé d'imprimer en mai 2012 sur rotative numérique Prosper
par l'Imprimerie Sagim à Nanterre (Hauts-de-seine).

3e tirage
Dépôt légal : mai 2012 - N° d'impression : 12871

Imprimé en France
L'imprimerie Sagim est titulaire de la marque Imprim'vert® depuis 2004

distra .22

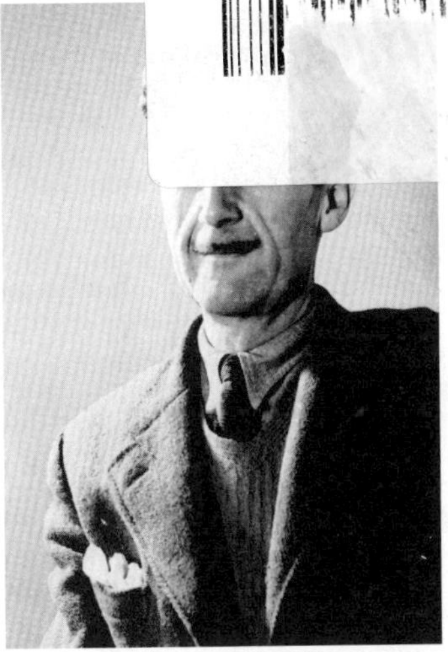

George Orwell
[pseud. di Eric Arthur Blair]
(*Motihari, Bengala, 1903-Londra, 1950*)

Lettera di Thomas Stearns Eliot (a nome della Faber & Faber Ltd Publishers) in cui spiega i motivi per il rifiuto di pubblicare *Animal Farm* [traduzione a p. 2].

Chairman C.W.Stewart R.H.I.de la Mare Morley Kennerley (u.s.a.) T.S.Eliot W.J.Crawley

ER AND FABER LTD PUBLISHERS

ESTCENT, LONDON
m 9543 (4 lines) 24 Russell Square London WC1

13 July 1944.

ge Orwell Esqre.,
0 a, Mortimer Crescent,
London N.W.6.

r Orwell,

I know that you wanted a quick decision about imal Farm": but the minimum is two directors' opinions, that can't be done under a week. But for the imporce of speed, I should have asked the Chairman to look it as well. But the other director is in agreement h me on the main points. We agree that it is a distinshed piece of writing; that the fable is very skilfully dled, and that the narrative keeps one's interest on its plane - and that is something very few authors have achred since Gulliver.

On the other hand, we have no conviction (and I am sure e of the other directors would have) that this is the ht point of view from which to criticise the political uation at the present time. It is certainly the duty of publishing firm which pretends to other interests and ives than mere commercial prosperity, to publish books ch go against the current of the moment: but in each innce that demands that at least one member of the firm uld have the conviction that this is the thing that needs ing at the moment. I can't see any reason of prudence caution to prevent anybody from publishing this book - he believed in what it stands for.

Now I think my own dissatisfaction with this apologue that the effect is simply one of negation. It ought to ite some sympathy with what the author wants, as well as pathy with his objections to something: and the positive

G.C.Faber, Chairman C.W.Stewart R.H.I.de la Mare Morley Kennerley (u.s.a.) T.S.Eliot W.J.Crawley

FABER AND FABER LTD PUBLISHERS

FABBAF, WESTCENT, LONDON
MUSeum 9543 (4 lines) 24 Russell Square London WC1

point of view, which I take to be generally Trotskyite, is not convincing. I think you split your vote, without getting any compensating stronger adhesion from either party - i.e. those who criticise Russian tendencies from the point of view of a purer communism, and those who, from a very different point of view, are alarmed about the future of small nations. And after all, your pigs are far more intelligent than the other animals, and therefore the best qualified to run the farm - in fact, there couldn't have been an Animal Farm at all without them: so that what was needed, (someone might argue), was not more communism but more public-spirited pigs.

I am very sorry, because whoever publishes this, will naturally have the opportunity of publishing your future work: and I have a regard for your work, because it is good writing of fundamental integrity.

Miss Sheldon will be sending you the script under separate cover.

Yours sincerely,

T. S. Eliot

Caro Orwell, so che volevi una decisione rapida riguardo ad *Animal Farm*: ma il minimo sono le opinioni di due direttori e non si può fare in meno di una settimana. Se non fosse stato per la rapidità, avrei dovuto chiedere anche al Presidente di dargli uno sguardo. L'altro direttore è però d'accordo con me sui punti principali. Pensiamo entrambi che dal punto di vista della scrittura l'opera sia di notevole qualità; che la fiaba è trattata abilmente e che la narrazione mantiene l'interesse al suo giusto livello - ed è una cosa che pochi autori sono riusciti a fare dopo Gulliver.

Tuttavia, non siamo convinti (e sono certo che nessuno degli altri direttori lo sarebbe) che questo sia il punto di vista giusto dal quale criticare l'attuale situazione politica. È certamente dovere di qualsiasi impresa editoriale, che si riproponga interessi e motivi diversi dal semplice successo commerciale, pubblicare libri che vadano contro la corrente del momento; ma ciò richiede pur sempre che almeno un membro dell'impresa sia convinto che questa sia la cosa che vada detta al momento. Non vedo alcuna ragione di prudenza o cautela che possa impedire a chicchessia di pubblicare questo libro - se crede in ciò per cui esso si batte.

Ebbene, penso che la mia personale insoddisfazione nei confronti di questo apologo sia che il risultato è di semplice negatività. Esso dovrebbe suscitare una qualche simpatia verso ciò che l'autore desidera, così come simpatia con il suo rifiuto di qualcosa: ma il punto di vista positivo, che io considero genericamente trotskista, non è convincente. Mi sembra che tu scinda il tuo voto, senza ottenere in compenso un'adesione maggiore da nessuna delle due parti - vale a dire da coloro che criticano gli orientamenti russi dal punto di vista di un comunismo più puro, e da coloro che, da punto di vista molto diverso, sono preoccupati del futuro delle piccole nazioni. Dopo tutto, i tuoi maiali sono di gran lunga più intelligenti degli altri animali, e quindi sono anche i meglio qualificati per dirigere la fattoria: in realtà, senza di loro non vi sarebbe nemmeno stata una Fattoria degli Animali e quindi ciò di cui vi sarebbe stato bisogno (potrebbe sostenere qualcuno) non era più comunismo ma più maiali animati da spirito pubblico.

Mi dispiace molto perché chiunque lo pubblicasse avrebbe naturalmente la possibilità di pubblicare anche i tuoi futuri lavori: ed io ho stima nei confronti della tua opera perché si tratta di buona scrittura con una fondamentale integrità.

Con plico a parte, la signorina Sheldon ti invierà il manoscritto.

Tuo sinceramente, *T.S. Eliot*

13 luglio 1944

George Orwell

La Fattoria degli Animali

Una fiaba

Con le due Prefazioni e un inedito

massari
editore

In copertina: Marc Chagall, *Il poeta disteso* (olio su tela, 1915) [Tate Gallery, Londra]
Retro: Marc Chagall, *La rivoluzione* (olio su tela, 1937) [Musée national d'art moderne, Centre G. Pompidou, Parigi]

George Orwell
Animal Farm:
a fairy story [1943-44]

Secker & Warburg, London 1945

Massari editore, Bolsena 2016
Traduzione di Mihai Ovidiu Radulescu
Note redazionali e cura di Roberto Massari

Precedenti edizioni: Mondadori («Medusa»), Verona/Milano 1947, traduzione (inqualificabile) di Bruno Tasso// Mondadori, Milano 1975, traduzione di Elena Albertini// Mondadori («I Meridiani»), Milano 2000, nuova traduzione di Guido Bulla (†26.10.2015)

Casella Postale 89 - 01023 Bolsena (VT)
E-mail: erre.emme@enjoy.it
Http://www.massarieditore.it
Stampa: Ceccarelli - Acquapendente (VT)
Prima edizione: novembre 2016
ISBN 978-88-457-0303-4

INDICE

Lettera su Animal Farm *di T.S. Eliot* 2
Nota biografica 6

Capitolo I 7
Capitolo II 18
Capitolo III 28
Capitolo IV 36
Capitolo V 45
Capitolo VI 58
Capitolo VII 69
Capitolo VIII 84
Capitolo IX 101
Capitolo X 115

«La libertà di stampa» (*g.o.*) 129
«Prefazione» all'edizione in ucraino (*g.o.*) 145
«Possono i socialisti essere felici?» (*g.o.*) 154

Su «La Fattoria degli Animali» *di Guido Bulla* 164
Nota bibliografica 175

NOTA BIOGRAFICA

George Orwell (pseud. di Eric Arthur Blair:1903-1950). Nato in Bengala da famiglia di origine scozzese, compì gli studi a Eton. Tornato in India nel 1922, vi rimase 5 anni al servizio della polizia imperiale indiana in Birmania. Questo soggiorno diede lo spunto al suo primo romanzo, Giorni in Birmania */*Burmese days, *1934].*

Rientrato in Europa, il desiderio di conoscere le condizioni di vita delle classi subalterne lo indusse a umili mestieri nei quartieri più poveri di Parigi e di Londra, esperienza che narrò in Senza un soldo a Parigi e a Londra */*Down and out in Paris and London, *1933].*

Nel libro inchiesta La strada per Wigan Pier */*The road to Wigan Pier, *1937] descrisse con amaro verismo la vita dei disoccupati. Partecipò alla Guerra civile in Spagna, combattendo nell'esercito repubblicano; in* Omaggio alla Catalogna */*Homage to Catalonia, *1938] formulò una critica molto dura del Pc spagnolo e dell'Urss, accusati di aver distrutto la sinistra anarchica, trotskista e poumista (Andrés Nin), favorendo così la vittoria di Franco.*

Attivamente contrario ai metodi staliniani, scrisse una satira brillante e dolorosa del comunismo russo in La fattoria degli animali *[*Animal farm, *1945]; infine, portando alle estreme conseguenze la sua avversione a ogni tipo di totalitarismo, diede nel suo ultimo romanzo,* 1984 *[1949], un'immagine avveniristica, terrificante quanto plausibile, della futura società mondiale: il «Grande Fratello» è da allora entrato nel linguaggio corrente. Lasciò anche saggi originali su argomenti di critica letteraria e di sociologia.*

CAPITOLO I

Il signor Jones, della Fattoria Padronale, aveva chiuso a chiave i pollai per la notte, ma era troppo ubriaco per ricordarsi di chiudere le finestrelle. Con il cerchio di luce della lanterna che ondeggiava da un lato all'altro, barcollò attraverso il cortile, scalciando si tolse gli stivali sulla porta sul retro, spillò un ultimo bicchiere di birra dalla botte del retrocucina e salì fino a raggiungere il letto, dove la signora Jones stava già russando.

Non appena si spense la luce della stanza, fu tutto un tramestio e uno sbatter d'ali negli edifici della fattoria. Durante il giorno si era sparsa la voce che il Vecchio Maggiore, il pluripremiato verro della razza suina Middle White, aveva avuto uno strano sogno la notte precedente e che desiderava comunicarlo al resto degli animali. Era stato deciso, quindi, che si sarebbero riuniti nel granaio principale non appena il signor Jones si fosse finalmente tolto di torno. Il Vecchio Maggiore (così veniva chiamato, nonostante fosse stato esibito in un concorso col nome di «Bellezza di Willingdon») era tenuto in così alta considerazione nella fattoria che erano tutti ben disposti a perdere un'ora di sonno per ascoltare ciò che aveva da dire.

A un lato dell'ampio granaio, su una sorta di piattaforma rialzata sovrastata da una lanterna che pendeva da una trave, il Maggiore si era già accomodato nella sua lettiera di paglia. Aveva dodici anni e ultimamente si era un po' appesantito, ma era ancora un maiale maestoso, dall'aspetto saggio e benevolo, nonostante le sue zanne non fossero mai state tagliate.

Ben presto gli animali cominciarono ad arrivare e a mettersi comodi, ognuno alla propria maniera.

Prima arrivarono i tre cani - Bluebell [Campanula]*, Jessie, e Pincher [Tenaglia] - e poi i maiali, che si stesero sulla paglia proprio di fronte alla piattaforma. Le galline si appollaiarono sui davanzali, i piccioni si posarono sulle travi, le pecore e le mucche si accovacciarono dietro i maiali e iniziarono a ruminare.

I due cavalli da tiro - Boxer e Clover [Trifoglio] - arrivarono insieme, camminando molto lentamente e appoggiando con cura i grossi zoccoli pelosi, per fare attenzione che non ci fosse qualche animaletto coperto dalla paglia. Clover era una grossa giumenta, materna, che si avvicinava alla mezza età e che dopo il quarto puledro non aveva più ripreso le proprie forme. Boxer era un animale enorme, alto quasi diciotto palmi e forte quanto due cavalli normali messi insieme. La striscia bianca che gli scendeva lungo il muso gli dava un'aria un po' tonta, e infatti la sua intelligenza non era di prima qualità, ma era

* S'interrompe qui la lunga tradizione di italianizzare i nomi di alcuni degli animali. Tra le ragioni per lasciare in inglese i nomi scelti da Orwell vi è 1) il fatto che la vicenda si svolge in Inghilterra e i personaggi (benché animali) sono pur sempre inglesi; 2) dei nomi sono traducibili altri no; 3) le traduzioni (a volte poco corrispondenti) variano da un libro all'altro (v. nota a p. 170) [*n.d.r.*].

da tutti rispettato per la fermezza di carattere e la notevole energia che metteva nel lavoro.

Dopo i cavalli arrivò Muriel, la capra bianca, e Benjamin, l'asino. Benjamin era l'animale più vecchio della fattoria e dal peggiore carattere. Parlava raramente e quando apriva la bocca era per qualche commento cinico: diceva, per esempio, che Dio gli aveva dato la coda per tenere lontane le mosche, ma che avrebbe preferito non ci fossero né coda né mosche. Era l'unico tra gli animali della fattoria che non rideva mai. Se gli si chiedeva il perché, rispondeva che non vedeva nulla di cui ridere. Nonostante ciò, senza ammetterlo apertamente, era affezionato a Boxer; solitamente i due passavano le domeniche insieme nel piccolo recinto oltre il frutteto, pascolando fianco a fianco e senza scambiare parola.

I due cavalli si erano appena accovacciati quando una nidiata di anatroccoli, in cerca della loro mamma, sfilarono nel granaio, pigolando debolmente e vagando da un lato all'altro per trovare un posto in cui non rischiassero d'essere calpestati. Clover formò una specie di muro intorno a loro con la grande zampa anteriore e gli anatroccoli vi si accoccolarono, cadendo subito addormentati. All'ultimo momento, muovendosi con passettini aggraziati e masticando una zolletta di zucchero, arrivò Mollie, la cavallina bianca bella e sciocchina che trainava il calesse del signor Jones. Prese posto in prima fila e iniziò a scrollare la candida criniera, cercando di attirare l'attenzione sui nastrini rossi che vi erano intrecciati. Ultima fra tutti giunse la gatta, che si mise a cercare, come al solito, il posto più caldo e finì per stringersi tra Boxer e Clover; contenta, fece le fusa per tutta la durata del discorso del Maggiore, senza ascoltarne una singola parola.

Tutti gli animali ora erano presenti tranne Moses, il corvo domestico, che dormiva su un trespolo dietro la porta sul retro. Quando il Maggiore vide che si erano tutti messi comodi e stavano aspettando con attenzione, si schiarì la gola e iniziò:

«Compagni, avete già saputo dello strano sogno che ho fatto la scorsa notte, ma a quello verrò più tardi. Prima devo dirvi qualcos'altro. Non penso, compagni, che sarò con voi per molti mesi ancora e prima di morire sento il dovere di trasmettervi il po' di saggezza che ho acquisito. Ho vissuto una lunga vita e ho avuto molto tempo per riflettere mentre me ne stavo solo nella mia stalla, e penso di poter dire che sono in grado di comprendere la natura della vita su questa terra così come qualsiasi altro animale vivente. È di questo che voglio parlarvi.

«Compagni, qual è dunque la natura di questa nostra vita? Ammettiamolo: le nostre sono vite miserabili, faticose e brevi*. Nasciamo, riceviamo appena il cibo necessario per tenerci in vita e chi di noi è in grado di farlo viene costretto a lavorare fino all'ultimo atomo di energia; e nello stesso istante in cui la nostra utilità giunge al termine, veniamo macellati con orri-

* Eco evidente di un concetto espresso da Thomas Hobbes nel libro 1, cap. 11 del *Leviathan* (1651), dove la vita dell'uomo è descritta come «solitary, poor, nasty, brutish and short» [*n.d.r.*].

bile crudeltà. Nessun animale in Inghilterra conosce il significato della felicità o del tempo libero dopo aver compiuto il primo anno di età. Nessun animale in Inghilterra è libero. La vita di ogni animale è fatta di miseria e schiavitù: questa è la pura verità.

«È tutto ciò semplicemente parte dell'ordine naturale delle cose? Questa nostra terra è forse talmente povera da non poter assicurare una vita decente a chi vi dimora? No, compagni, mille volte no! Il suolo dell'Inghilterra è fertile, il suo clima mite, ed è capace di provvedere cibo in abbondanza a un numero di animali enormemente superiore a quanti ora lo abitano. Questa nostra fattoria potrebbe da sola sostenere una dozzina di cavalli, venti mucche, centinaia di pecore, offrendo a ognuno di loro una qualità di vita e una dignità che ora sono quasi al di fuori della nostra immaginazione. Perché, allora, restiamo in queste miserabili condizioni? Perché quasi la totalità del prodotto del nostro lavoro ci viene rubato dagli esseri umani. Questa, compagni, è la causa di tutti i nostri problemi e si riassume in una singola parola: l'Uomo. L'Uomo è il nostro unico vero nemico. Rimuovi dalla scena l'Uomo e la causa principale della fame e del superlavoro sarà per sempre abolita.

«L'Uomo è l'unica creatura che consumi senza produrre. Non dà latte, non depone uova, è troppo debole per tirare l'aratro, non può correre veloce abbastanza per prendere i conigli. Eppure è il padrone di tutti gli animali. Li fa lavorare, dà loro il minimo necessario perché non muoiano di fame e il resto lo tiene per sé. Il nostro lavoro dissoda la terra, il nostro sterco la fertilizza, eppure non c'è uno solo di noi che possegga altro che la nuda pelle. Voi, mucche, che vedo innanzi a me, quante migliaia di litri di latte avete dato nell'ultimo anno? E che ne è stato del latte che avrebbe dovuto nutrire e far crescere i vitelli? Ogni singola goccia è scesa nelle gole dei nostri nemici. E voi, galline, quante uova avete deposto nell'ultimo anno e quante di queste si sono schiuse per far nascere i pulcini? Il resto sono tutte finite al mercato per il guadagno di Jones e dei suoi uomini. E riguardo a te, Clover, dove sono i quattro puledrini che hai partorito e che sarebbero dovuti diventare il sostegno e la gioia della tua vecchiaia? Ognuno di loro è stato venduto all'età di un anno e non li rivedrai mai più. In cambio delle tue quattro gravidanze e del tuo lavoro nei campi, cosa hai mai avuto, a parte magre razioni e una stalla?

«E alle vite misere che conduciamo non è neppure concesso di raggiungere il loro termine naturale. Per quanto mi riguarda non mi lamento, perché sono stato uno dei fortunati. Ho dodici anni e ho avuto più di quattrocento figli. Questa è la vita naturale vita di un maiale. Ma alla fine nessun animale sfugge alla lama crudele. E voi, maialini che ora sedete davanti a me, ognuno di voi urlerà disperatamente sul ceppo entro un anno. Quell'orrore attende tutti noi, mucche, maiali, galline, pecore, tutti. Nemmeno i cavalli o i cani hanno sorte migliore. Tu, Boxer, lo stesso giorno in cui questi tuoi grandi muscoli avranno perduto la loro forza, Jones ti venderà al mattatoio, dove ti sgozzeranno e bolliranno il tuo corpo per farne cibo per cani da caccia. In quanto ai cani, quando diventano vecchi e sdentati, Jones lega loro un mattone al collo e li affoga nello stagno più vicino.

«Non è dunque chiaro come il sole, compagni, che tutti i mali di questa nostra vita scaturiscono dalla tirannia degli esseri umani? Basterebbe sbarazzarci dell'Uomo e il prodotto del nostro lavoro sarebbe nostro. Diventeremmo ricchi e liberi da un giorno all'altro. Che fare, allora? Ebbene, dobbiamo impegnarci giorno e notte, anima e corpo, per rovesciare la razza umana! È questo il mio messaggio per voi, compagni: Ribellione! Non so quando verrà questa ribellione, potrebbe essere fra una settimana quanto fra cent'anni; ma come sono sicuro di vedere la paglia sotto di me, così sono convinto che prima o poi giustizia sarà fatta. Fissate lo sguardo su questo obiettivo, compagni, per il breve tempo che vi resta da vivere! E, soprattutto, trasmettete questo mio messaggio a coloro che verranno dopo di voi, così che le generazioni future possano continuare la lotta fino alla vittoria.

«E ricordate, compagni, la vostra determinazione non dovrà mai vacillare. Non lasciatevi sviare dalle parole. Se vi dicono che l'Uomo e gli animali hanno interessi comuni, che la prosperità dell'uno è la prosperità degli altri, non date loro ascolto. Sono tutte menzogne. L'Uomo non cura gli interessi di alcuna creatura, tranne i propri. E fate che tra noi animali ci sia perfetta unione e cameratismo nella lotta. Tutti gli uomini sono nemici. Tutti gli animali sono compagni».

A questo punto vi fu un tremendo scompiglio. Mentre il Maggiore stava parlando, quattro grossi topi erano strisciati fuori dalle loro tane e si erano messi ad ascoltarlo, appoggiati sulle zampette posteriori. I cani se n'erano improvvisamente accorti, e fu solo attraverso una tempestiva ritirata nelle loro tane che i topi riuscirono a mettere in salvo la pelle. Il Maggiore alzò la zampa per ottenere silenzio.

«Compagni», disse, «questo è un punto che dev'essere chiarito. Le creature selvatiche, come i topi e i conigli, sono nostri amici o nemici? Mettiamolo ai voti. Pongo all'assemblea la seguente domanda: i topi sono compagni?».

Si votò immediatamente e fu stabilito a schiacciante maggioranza che i topi erano compagni. Ci furono solo quattro in disaccordo, i tre cani e la gatta - che poi si scoprì aver votato sia a favore che contro. Il Maggiore proseguì:

«Non mi rimane molto da dire. Vi ripeto solo di ricordare sempre il vostro dovere di ostilità verso l'Uomo e tutte le sue consuetudini. Tutto ciò che va su due zampe, ci è nemico. Tutto ciò che va su quattro zampe o ha le ali, è amico. E ricordate sempre che nella lotta contro l'Uomo non bisognerà mai arrivare ad assomigliargli. Anche quando l'avrete sconfitto, non adottate i suoi vizi. Nessun animale dovrà mai abitare in una casa o dormire in un letto o indossare vestiti o bere alcolici o fumare tabacco o toccare denaro o dedicarsi al commercio. Tutte le abitudini dell'uomo sono malvagie. E, soprattutto, nessun animale dovrà mai opprimere i propri simili. Deboli o forti, astuti o ingenui, siamo tutti fratelli. Nessun animale dovrà mai uccidere un altro anmale. Tutti gli animali sono uguali.

«E ora, compagni, vi dirò del sogno che ho avuto la scorsa notte. Non posso descrivervelo. Ho sognato la Terra, come sarà una volta scomparso l'Uomo. Ma mi ha fatto ricordare una cosa che avevo da lungo tempo dimenticato. Molti anni fa, quando ero ancora un maialino, mia madre e le altre scrofe cantavano una vecchia canzone della quale conoscevano solo il motivo e le prime tre parole. Anch'io nella mia infanzia conoscevo quella melodia, ma mi era passata di mente da molto tempo. La scorsa notte, però, mi è tornata in sogno. Ma ancora più importante è che mi sono tornate anche le parole che, ne sono convinto, venivano cantate dagli animali di molto tempo fa e delle quali da generazioni si era perduta la memoria. Ora, compagni, vi canterò quella canzone. Sono vecchio e la mia voce è roca ma quando vi avrò insegnato il motivo, potrete cantarla meglio per conto vostro. S'intitola *Bestie d'Inghilterra*».

Il Vecchio Maggiore si schiarì la gola e cominciò a cantare. Come egli stesso aveva detto, la sua voce era roca, ma cantò abbastanza bene e il motivo era elettrizzante, una via di mezzo fra *Clementine* e *La Cucaracha*. Queste erano le parole:

Beasts of England, beasts of Ireland,
beasts of every land and clime,
hearken to my joyful tidings
of the golden future time.

Soon or late the day is coming,
tyrant Man shall be o'erthrown,
and the fruitful fields of England
shall be trod by beasts alone.

Rings shall vanish from our noses,
and the harness from our back,
bit and spur shall rust forever,
cruel whips no more shall crack.

Riches more than mind can picture,
wheat and barley, oats and hay,
clover, beans, and mangel-wurzels
shall be ours upon that day.

Bright will shine the fields of England,
purer shall its waters be,
sweeter yet shall blow its breezes
on the day that sets us free.

For that day we all must labour,
though we die before it break;
cows and horses, geese and turkeys,
all must toil for freedom's sake.

Beasts of England, beasts of Ireland,
beasts of every land and clime,
hearken well and spread my tidings
of the golden future time.

[Bestie d'Inghilterra e d'Irlanda,/ bestie d'ogni terra e clima,/ ascoltate il mio lieto annuncio/ della futura età dell'oro.// Presto o tardi verrà il giorno,/ l'Uomo tiranno sarà deposto,/ e i campi fecondi d'Inghilterra/ solo da bestie saranno calpestati.// Niente più anelli al naso,/ mai più gioghi sulla schiena,/ morso e sprone arrugineranno,/ fruste crudeli mai più schioccheranno.// Impensabili ricchezze,/ grano e orzo, avena e fieno,/ fagioli, tuberi e trifoglio/ saranno nostre quel giorno.// Brilleranno i campi inglesi,/ le acque saranno più pure,/ soffieran brezze più miti/ il giorno in cui saremo liberi.// Per quel giorno dobbiam lottare tutti,/ anche se morissimo prima che arrivi;/ mucche e cavalli, oche e tacchini,/ tutti devono lottare per amore della libertà.// Bestie d'Inghilterra e d'Irlanda,/ bestie di ogni terra e clima,/ ascoltate e diffondete il mio lieto annuncio/ della futura età dell'oro.//]

Il canto di quell'inno portò gli animali al colmo dell'eccitazione. Prima ancora che il Maggiore avesse finito, avevano tutti cominciato a cantarlo da soli. Anche i più stupidi fra loro avevano già imparato il motivo e qualche parola, mentre i più intelligenti, come i maiali e i cani, avevano imparato tutta la canzone a memoria in pochi minuti. E a quel punto, dopo qualche prova preliminare, l'intera fattoria irruppe all'unisono nel canto di *Bestie d'Inghilterra*. Le mucche lo muggivano, i cani lo guaivano, le pecore lo belavano, i cavalli lo nitrivano, le anatre lo starnazzavano. Erano talmente entusiasti dell'inno, che lo cantarono ben cinque volte di fila, e forse avrebbero continuato a farlo per tutta la notte se non fossero stati interrotti.

Sfortunatamente lo schiamazzo aveva svegliato il signor Jones. Questi balzò dal letto sicuro che in cortile ci fosse una volpe. Afferrò il fucile che teneva sempre in un angolo della stanza e lasciò partire una scarica nel buio. Le pallottole si conficcarono nella parete del granaio e l'assemblea si sciolse precipitosamente. Ognuno corse al proprio giaciglio. Gli uccelli volarono sui loro trespoli, gli animali si stesero sulla paglia e in pochi istanti l'intera fattoria fu immersa nel sonno.

CAPITOLO II

Tre notti dopo, il Vecchio Maggiore morì serenamente nel sonno. Il corpo fu seppellito in fondo al frutteto.

Erano i primi di marzo. Nei tre mesi seguenti ci fu un'intensa attività segreta. Il discorso del Maggiore aveva cambiato radicalmente la visione della vita dei più intelligenti tra gli animali della fattoria. Non sapevano quando la Ribellione predetta dal Maggiore sarebbe avvenuta, né avevano ragione di credere che sarebbe stato nel corso della loro vita, ma capivano chiaramente che era loro dovere prepararla. Il compito d'istruire e organizzare gli altri ricadde naturalmente sui maiali, che erano generalmente considerati come i più intelligenti tra gli animali. Tra loro si distinguevano in particolare due giovani verri di nome Snowball [Palladineve] e Napoleon, che il signor Jones stava allevando per la vendita. Nella fattoria Napoleon era l'unico verro di razza Berkshire*, grande e grosso, e dall'aspetto piuttosto feroce; non era un gran parlatore, ma godeva della reputazione di riuscire ad averla sempre vinta. Snowball

* La Berkshire è una razza suina britannica dal colore caratteristico: la pelle è nera con macchie bianche su muso, coda e arti. Questa contrapposizione cromatica (Snowball bianco e Napoleon nero) acquisterà un senso nello sviluppo della vicenda [*n.d.r.*].

era un maiale molto più vivace di Napoleon, più svelto di lingua e di maggiore inventiva, ma veniva considerato di minor forza di carattere. Il resto dei maiali maschi della fattoria erano bestie da ingrasso.

Il più noto tra loro era un porcello grasso di nome Squealer*, dalle guance paffute, occhi brillanti, movimenti agili e voce stridula. Era un eccellente parlatore e nel discutere un qualche punto delicato aveva l'abitudine di saltellare da un lato all'altro e di agitare la coda, il che per qualche motivo risultava molto persuasivo. Si diceva di Squealer che riuscisse a far passare il nero per bianco.

Questi tre avevano ricavato dagli insegnamenti del Vecchio Maggiore un sistema di pensiero compiuto, che avevano denominato Animalismo. Varie notti a settimana, dopo che il signor Jones si era addormentato, i maiali tenevano riunioni segrete nel granaio dove spiegavano agli altri i princìpi dell'Animalismo. Agli inizi s'imbatterono in molta stupidità e apatia. Alcuni degli animali menzionarono un dovere di lealtà nei confronti del signor Jones, del quale parlavano in termini di «Padrone», o facevano osservazioni banali come: «Il signor Jones ci dà da mangiare. Se lui non ci fosse moriremmo di fame». Altri facevano domande del tipo: «Perché dovrebbe importarci cosa succederà dopo la nostra morte?» o «Se questa ribellione avrà luogo in ogni caso, che differenza fa se noi ci impegniamo oppure no?». E i maiali penarono molto per spiegare loro che ciò era contrario allo spirito dell'Animalismo.

* Lett. «Strillante», ma anche dial. per «spia» o «traditore» [*n.d.r.*].

Le domande più stupide vennero da Mollie, la cavallina bianca. La prima cosa che domandò a Snowball fu: «Ci sarà ancora zucchero dopo la Ribellione?»

«No», rispose Snowball con fermezza. «Non abbiamo i mezzi per produrre zucchero in questa fattoria. E poi, non hai bisogno di zucchero. Avrai tutta l'avena e il fieno che vorrai».

«E potrò portare nastrini nella criniera?», continuò Mollie.

«Compagna», disse Snowball, «quei nastrini che ti stanno tanto a cuore sono il simbolo della schiavitù. Non riesci a capire che la libertà vale più dei nastrini?».

Mollie annuì, ma non sembrò molto convinta.

I maiali dovettero faticare ancor di più per smentire le menzogne messe in giro da Moses. Il corvo domestico, l'animale preferito del signor Jones, era una spia e un delatore, ma anche un abile parlatore. Raccontava di un misterioso luogo chiamato Monte Zucchero Candito [*Sugarcandy Mountain*], dove tutti gli animali andavano dopo la morte. Si trovava, a suo dire, da qualche parte su nel cielo, appena oltre le nuvole. Su quel monte era domenica sette giorni la settimana, i trifogli erano in fiore tutto l'anno e dalle siepi crescevano zollette di zucchero e panelli di semi di lino. Gli animali odiavano Moses perché raccontava storie e non lavorava mai, ma alcuni di loro credevano nell'esistenza del Monte Zucchero Candito e i maiali dovettero insistere molto per persuaderli che non esisteva un posto simile.

I loro discepoli più fedeli erano i due cavalli da tiro, Boxer e Clover. I due avevano grandi difficoltà a elaborare pensieri per proprio conto, ma una volta accettati i maiali come insegnanti, assorbirono tutto ciò che veniva loro detto per poi trasmetterlo al resto degli animali in termini semplici. Non mancavano mai agli incontri segreti del granaio e dirigevano il canto di *Bestie d'Inghilterra*, con cui si chiudevano sempre le riunioni.

Avvenne, però, che la Ribellione si verificasse molto prima e con molta più facilità di quanto chiunque avesse previsto. Nel passato, pur essendo un padrone severo, il signor Jones era stato un bravo fattore; ma ultimamente stava attraversando un brutto periodo. Dopo aver perso molto denaro in una causa legale, si era demoralizzato e aveva preso a bere più del dovuto. Per giorni interi non faceva che poltrire in cucina nella sua sedia Windsor, leggendo, bevendo e dando di tanto in tanto a Moses una crosta di pane imbevuta di birra. I suoi uomini erano pigri e disonesti, i campi erano pieni di erbacce, i tetti necessitavano riparazioni, le siepi venivano trascurate e gli animali erano malnutriti.

Venne giugno e il fieno era quasi pronto per essere tagliato. Alla vigilia della festa di Mezza estate* che cadeva di sabato, il signor Jones andò a Willingdon e prese una tale sbronza all'osteria del Red Lion da non rincasare fino all'indomani a mezzogiorno. I suoi uomini avevano munto le vacche al mattino presto e poi erano usciti a caccia di conigli, senza badare a sfamare

* La notte del 23-24 giugno (festa di S. Giovanni e solstizio d'estate) è la più breve dell'anno. Per la sua aura magica, è stata oggetto di opere letterarie, musicali e cinematografiche [*n.d.r.*].

gli animali. Appena rientrato, il signor Jones si addormentò subito sul sofà del salotto, coprendosi il viso col giornale *News of the World**. Fu così che arrivò la sera e gli animali, ancora a digiuno, non poterono resistere oltre. Una delle mucche sfondò la porta del magazzino con una cornata e tutti gli animali iniziarono a servirsi dai bidoni. A quel punto il signor Jones si svegliò. Un momento dopo lui e i suoi quattro uomini erano nel magazzino, fruste in mano, sferzando in tutte le direzioni. Era più di quanto gli animali affamati potessero sopportare. Di comune accordo, benché niente del genere fosse stato programmato in precedenza, si lanciarono sui loro tormentatori. Jones e i suoi uomini si trovarono d'un tratto tempestati da calci e cornate da ogni lato. La situazione era ormai fuori controllo. Non avevano mai visto gli animali comportarsi in quel modo e l'improvvisa ribellione delle creature che erano abituati a picchiare e maltrattare a piacere li spaventò a morte. passato qualche istante gli uomini rinunciarono a difendersi e se la diedero a gambe. Un minuto dopo i cinque correvano giù per la carreggiabile, in direzione della strada principale, con gli animali trionfanti alle calcagna.

La signora Jones, che aveva osservato l'accaduto dalla finestra della camera da letto, lanciò alla rinfusa qualche oggetto in una borsa di tela e lasciò di soppianto la fattoria da un'uscita secondaria. Moses balzò giù dal trespolo e le svolazzò dietro gracchiando rumorosamente. Frattanto gli animali avevano rincorso

* Noto settimanale scandalistico (edito dal 1843 al 2011) [*n.d.r.*].

Jones e i suoi uomini fino alla strada e avevano sbattuto il pesante cancello alle loro spalle. E fu così, prima quasi che si rendessero conto di cosa stesse succedendo, che la Ribellione si era compiuta con successo: Jones era stato espulso e la fattoria era loro.

Dapprincipio gli animali riuscivano a malapena a credere a tanta fortuna. Il loro primo atto fu di galoppare in massa lungo il perimetro della fattoria, come per assicurarsi che non vi fosse nessun essere umano nascosto dentro; poi tornarono in fretta agli edifici per cancellare le ultime tracce dell'odiato impero di Jones. Venne sfondata la porta della selleria, in fondo alle stalle, e i morsi, gli anelli da naso, le catene dei cani e i crudeli coltelli che il signor Jones usava per castrare maiali e agnelli vennero gettati nel pozzo. Le redini, le cavezze, i paraocchi e le degradanti sacchette per il foraggio vennero gettate nel fuoco che ardeva nel cortile. Lo stesso fu per le fruste. E quando le videro andare in fiamme, tutti gli animali furono colti dall'euforia. Snowball gettò sul fuoco anche i nastri con cui si adornavano le criniere e le code dei cavalli i giorni di mercato.

«I nastri», disse, «vanno considerati come vestiti, che sono il marchio dell'essere umano. Tutti gli animali devono andare nudi».

Nell'udire ciò, Boxer andò a prendere il cappellino di paglia che portava d'estate per impedire che le mosche gli entrassero nelle orecchie e lo gettò sul fuoco col resto degli oggetti.

In breve tempo gli animali avevano distrutto tutto ciò che ricordava loro il signor Jones. Napoleon li condusse poi di nuovo al magazzino, dove servì a ciascuno una doppia razione di grano e due biscotti a testa per i cani. Quindi cantarono *Bestie d'Inghilterra* sette volte di fila per intero, dopodiché si coricarono sulla paglia e dormirono quella notte come mai l'avevano fatto prima.

Si svegliarono però, come sempre, all'alba e ricordandosi all'improvviso dei gloriosi avvenimenti della sera precedente si affrettarono tutti insieme al pascolo. Poco distante dal prato si ergeva una collinetta che offriva una vista di gran parte della fattoria. Gli animali vi si arrampicarono rapidamente e una volta in cima si guardarono tutt'intorno nella chiara luce del mattino. Sì, era loro, a perdita d'occhio era tutto loro! Nell'estasi di quel pensiero presero a fare capriole e a lanciarsi in aria con grandi salti di gioia. Si rotolarono nella rugiada, si riempirono le bocche della dolce erba estiva, calciarono per aria zolle di terra bruna e ne fiutarono il ricco aroma. Fecero poi un giro d'ispezione dell'intera fattoria e, ammutoliti dallo stupore, esaminarono le terre arate, i campi di fieno, il frutteto, lo stagno, il boschetto. Era come se non avessero mai visto quelle cose, e ancora adesso stentavano a credere che fosse tutto loro.

Poi tornarono di fila agli edifici e in silenzio si fermarono davanti alla vecchia casa padronale. Anche questa era loro, ma avevano paura di entrarvi. Un momento dopo, però, Snowball e Napoleon sfondarono la porta a spallate e gli animali entrarono uno dietro all'altro, guardandosi molto bene dal rovinare qualsiasi cosa. In punta di piedi e senza osar parlare se non per sussurri, passarono di stanza in stanza osservando con una sorta di soggezione quell'incredibile lusso, i letti con i materassi di piuma, gli specchi, il divano di crine, il tappeto di Bruxelles, la litografia della Regina Vittoria sopra il camino del salotto. Mentre scendevano le scale si accorsero che mancava Mollie. Tornarono sui propri passi e scoprirono che era rimasta indietro nella migliore camera da letto. Aveva preso un pezzo di nastrino azzurro dalla toletta della signora Jones e reggendolo all'altezza della spalla ammirava scioccamente il proprio riflesso nello specchio. La rimproverarono aspramente e poi uscirono. Alcuni prosciutti appesi in cucina vennero portati fuori per dar loro sepoltura e un barile di birra del retrocucina venne sfondato d'un calcio da Boxer. Per il resto, non toccarono nient'altro. Sul posto, venne deciso di unanime accordo che la casa andava preservata come museo e che nessun animale avrebbe mai dovuto viverci.

Gli animali fecero colazione e poi furono nuovamente chiamati a raduno da Snowball e Napoleon.

«Compagni», disse Snowball, «sono le sei e mezza e abbiamo una lunga giornata dinanzi a noi. Oggi inizia la raccolta del fieno. Vi è, però, un'altra questione che bisogna sbrigare prima».

A quel punto i maiali rivelarono che negli ultimi tre mesi avevano imparato da soli a leggere e scrivere da un vecchio sillabario appartenuto ai figli del signor Jones che era stato gettato nell'immondizia. Napoleon fece portare barattoli di vernice nera e bianca, e condusse gli animali verso il cancello che dava sulla strada principale. Poi Snowball, che aveva la calligrafia migliore tra i due, tenendo un pennello nella fenditura dello zoccolo, cancellò FATTORIA PADRONALE dalla sbarra più alta e al suo posto scrisse FATTORIA DEGLI ANIMALI. Sarebbe stato questo il nome della fattoria da quel momento in poi. Dopodiché tornarono agli edifici, dove Snowball e Napoleon fecero portare una scala, che appoggiarono contro la parete di fondo del granaio principale. I maiali spiegarono che con gli studi degli ultimi tre mesi erano riusciti a ridurre i princìpi dell'Animalismo a Sette Comandamenti che ora andavano scritti sulla parete, per diventare la legge inalterabile che ogni animale della Fattoria era tenuto a rispettare per sempre. Non senza difficoltà (perché non è facile per un maiale tenersi in equilibrio su una scala) Snowball si arrampicò e si mise all'opera, mentre Squealer, qualche piolo più in basso, reggeva il barattolo di vernice. Sulla superficie incatramata, i Comandamenti furono scritti a grandi lettere bianche che si potevano leggere a una trentina di metri di distanza. Il testo era il seguente:

I SETTE COMANDAMENTI

1. *Tutto ciò che va su due zampe è nemico.*
2. *Tutto ciò che va su quattro zampe o possiede ali è amico.*
3. *Nessun animale indosserà abiti.*
4. *Nessun animale dormirà in un letto.*
5. *Nessun animale berrà alcolici.*
6. *Nessun animale ucciderà un altro animale.*
7. *Tutti gli animali sono uguali.*

Era tutto scritto in modo molto ordinato e nell'insieme corretto, a parte «amico» scritto «amicio» e una «s» disegnata al contrario. Snowball lesse tutto ad alta voce a beneficio degli altri. Tutti gli animali annuirono in completo accordo con i Comandamenti e i più intelligenti tra loro iniziarono subito a impararli a memoria.

«E ora, compagni», gridò Snowball, gettando a terra il pennello, «ai campi! Facciamoci un punto d'onore di falciare il fieno più rapidamente di quanto sapessero fare Jones e i suoi uomini».

A questo punto, però, le tre mucche, che da un po' sembravano a disagio, emisero un forte muggito. Erano ventiquattro ore che non venivano munte e le loro mammelle sembravano sul punto di scoppiare. Dopo aver pensato per qualche momento, i maiali fecero portare i secchi e munsero le vacche con successo, essendo le loro zampe adatte alla mansione. Presto vi furono cinque secchi di latte cremoso che molti degli animali adocchiavano con notevole interesse.

«Cosa ne sarà di tutto quel latte?» chiese qualcuno.

«A volte Jones ne mischiava un po' al nostro mangime», fece una delle galline.

«Non preoccupatevi del latte, compagni!», urlò Napoleon, piazzandosi davanti ai secchi. «A questo si penserà. Il raccolto è più importante. Il compagno Snowball vi farà strada e io vi seguirò tra qualche minuto. Avanti, compagni! Il fieno attende».

Così gli animali marciarono in truppa verso il campo per cominciare a falciare. Ma la sera, quando rientrarono, videro che il latte era sparito.

CAPITOLO III

Quanta fatica e sudore per raccogliere il fieno! Gli sforzi degli animali vennero però ricompensati da un raccolto ancora più grande di quanto avessero sperato.

A volte il lavoro era particolarmente difficile: gli strumenti erano stati pensati per gli esseri umani e non per gli animali, ed era un grosso inconveniente per loro non poter utilizzare attrezzi che richiedevano di reggersi dritti sulle zampe posteriori. I maiali, però, erano talmente intelligenti da riuscire a trovare soluzioni per ogni problema. In quanto ai cavalli, essi conoscevano ogni centimetro del campo, e di falciare e rastrellare se ne intendevano molto più che non Jones e i suoi uomini. In realtà i maiali non lavoravano, ma dirigevano e sorvegliavano il resto degli animali. Era naturale che, grazie alla superiorità del loro sapere, assumessero il comando. Boxer e Clover si attaccavano da soli alla falciatrice o al rastrello agricolo (chiaramente ormai non c'era più bisogno né di morso né di redini) e lo trascinavano su e giù per il campo mentre un maiale alle loro spalle esclamava «avanti, compagno!» o «alt, indietro, compagno!», a seconda del caso. Ogni singolo animale, fino al più umile, contribuiva a girare e raccogliere il fieno. Perfino le anatre e le galline fecero avanti e indietro tutto il giorno sotto il sole, portando minuscoli fili di fieno nel becco. Alla fine riuscirono a completare il lavoro con due giorni di anticipo rispetto al tempo impiegato solitamente da Jones e dai suoi uomini. In più, era il raccolto più abbondante che si fosse mai visto nella fattoria. Non c'era stato alcuno spreco: grazie alla loro vista acuta, le galline e le anatre avevano preso fino all'ultimo stelo. E non un singolo boccone era stato rubato.

Quell'estate il lavoro procedette con la precisione di un orologio. Gli animali erano felici come non avrebbero mai pensato possibile. Ogni singolo boccone rappresentava per loro un intenso piacere, visto che ora si trattava veramente del loro cibo, che producevano da soli e per se stessi, e non distribuito dal padrone col contagocce e di malavoglia. Una volta spariti gli inutili essere umani con il loro comportamento parassitico, vi era abbondanza di cibo per tutti. E nonostante avessero poca esperienza, anche il loro tempo libero era aumentato. Dovettero affrontare molte difficoltà; per esempio, più avanti con la stagione, quando venne l'ora di raccogliere il grano furono costretti a calpestarlo secondo l'uso antico per poi separare gli scarti dai chicchi soffiando, dato che la fattoria non disponeva di una trebbiatrice. Ma grazie all'intelligenza dei maiali e ai formidabili muscoli di Boxer riuscivano sempre a spuntarla. Boxer, ammirato da tutti, era stato un grande lavoratore fin dai tempi di Jones, ma ora in lui sembravano esserci tre cavalli invece di uno: c'erano giorni in cui le sue possenti spalle sembravano sopportare l'intera mole di lavoro della fattoria. Dalla mattina alla sera spingeva e tirava, sempre presente dove il lavoro era più duro. Con uno dei galletti si era messo d'accordo che lo svegliasse mezz'ora prima degli altri, tempo che impiegava a fare ciò che più era necessario, per poi iniziare la normale giornata lavorativa. A ogni problema e contrattempo egli dava la medesima risposta - «Lavorerò di più!» - che aveva adottato come motto personale.

Tutti, però, lavoravano secondo le proprie capacità. Le galline e le anatre, per esempio, avevano salvato più di un quintale di grano durante la mietitura, raccogliendo i chicchi sparsi che altrimenti sarebbero andati sprecati. Nessuno rubava, nessuno protestava per le proprie razioni, e i battibecchi e la gelosia, così caratteristici dei vecchi tempi, erano quasi scomparsi. Nessuno strillava; quasi nessuno. Mollie, a dire il vero, non era brava ad alzarsi al mattino e aveva la tendenza a lasciare presto il lavoro con la scusa di avere dei sassolini nello zoccolo. E il comportamento della gatta era alquanto peculiare. Fu presto notato che quando c'era da lavorare, diventava introvabile. Spariva per ore di fila per poi comparire come niente fosse all'ora dei pasti, oppure la sera a lavoro terminato. Ma aveva sempre scuse così eccellenti e faceva le fusa con tanto affetto che era impossibile non credere alle sue buone intenzioni. Il vecchio Benjamin, l'asino, non sembrava per niente cambiato dalla Ribellione. Faceva il proprio lavoro allo stesso modo lento e ostinato che aveva al tempo di Jones, senza mai lamentarsi né offrirsi per fare gli straordinari. Sulla Ribellione e le sue conseguenze non esprimeva opinione alcuna. Quando gli si chiedeva se non fosse più felice ora che Jones se n'era andato rispondeva solo «Gli asini vivono a lungo. Nessuno di voi ha mai visto un asino morto» e gli altri dovevano accontentarsi di risposta così criptica.

Le domeniche non si lavorava. La colazione si faceva un'ora più tardi del solito e dopo aveva luogo una cerimonia che veniva ripetuta immancabilmente ogni settimana. Iniziava con l'alzabandiera. Snowball aveva trovato nella selleria una vecchia tovaglia verde della signora Jones e ci aveva dipinto sopra in bianco uno zoccolo e un corno. Questa veniva issata sull'asta nel giardino della casa padronale ogni domenica mattina. Snowball spiegò che la bandiera era verde per rappresentare i verdi campi d'Inghilterra, mentre lo zoccolo e il corno simboleggiavano la futura Repubblica degli Animali che sarebbe nata con la definitiva sconfitta della razza umana.

Dopo l'alzabandiera tutti gli animali marciavano nel granaio principale per un'assemblea generale che chiamavano Consiglio. Qui si pianificava il lavoro della settimana seguente e venivano presentate e discusse eventuali mozioni. Erano sempre i maiali a presentare i piani. Gli altri animali capivano come votare, ma non riuscivano mai a farsi venire in mente piani propri.

Snowball e Napoleon erano di gran lunga i più attivi durante i dibattiti, ma fu notato che i due non si trovavano mai d'accordo: qualunque proposta facesse l'uno, si poteva essere certi che l'altro si sarebbe opposto. Persino quando fu deciso di riservare il piccolo campo oltre il frutteto per gli animali troppo vecchi per il lavoro, idea di per sé ineccepibile, ci fu un gran dibattito su quali fossero i giusti limiti d'età per ogni classe di animale. Il Consiglio si concludeva sempre col canto di *Bestie d'Inghilterra* e il pomeriggio era lasciato all'attività ricreativa.

I maiali si erano riservati la selleria come quartier generale. Qui, la sera, su libri recuperati nella casa padronale, studiavano l'arte del fabbro e del carpentiere, e altri mestieri utili. Altra opera di Snowball fu di organizzare gli animali in quelli che chiamò Comitati Animali. Infaticabile nel suo proposito, Snowball creò il Comitato di Produzione delle Uova per le galline, la Lega delle Code Pulite per le Mucche, il Comitato per la Rieducazione dei Compagni Selvatici (il cui scopo era l'addomesticamento di topi e conigli), il Movimento della Lana più Bianca per le pecore e vari altri, oltre ad organizzare classi di lettura e scrittura. Complessivamente, questi progetti furono un fallimento. Il tentativo di addomesticare le creature selvatiche, per esempio, fu un grosso insuccesso. Il loro comportamento non cambiò affatto e quando venivano trattate con generosità se ne approfittavano. La gatta si unì al Comitato di Rieducazione e per qualche giorno vi prese parte attiva. Un giorno fu vista su un tetto mentre parlava con dei passeri appena fuori della sua portata. Diceva loro che ormai tutti gli animali erano compagni e che se avessero voluto avrebbero tranquillamente potuto appoggiarsi alla sua zampa: ma i passeri mantennero la distanza.

Le classi di lettura e scrittura furono, però, un grosso successo. Prima che iniziasse l'autunno quasi tutti gli animali della fattoria erano almeno parzialmente alfabetizzati.

In quanto ai maiali, essi sapevano leggere e scrivere perfettamente. I cani* impararono a leggere piuttosto bene, ma non erano interessati a nulla al di fuori dei Sette Comandamenti. Muriel, la capra, era un po' più brava dei cani e di sera, a volte, leggeva agli altri da pezzi di giornale trovati nella spazzatura. Benjamin, che non era secondo a nessun maiale, non metteva mai in pratica questa sua capacità. Per quanto lo riguardava, diceva, non c'era nulla che valesse la pena leggere. Clover imparò l'intero alfabeto, ma non riusciva a formare le parole. Boxer non riusciva ad andare oltre la lettera D. Usava tracciare A, B, C, D nella polvere col suo grande zoccolo e poi restava a fissare le lettere con le orecchie dritte all'indietro, agitando a volte il ciuffo, sforzandosi con ogni fibra di ricordare quale fosse la

* Si vedrà avanti che, nell'allegoria narrativa, i cani impersonano i membri della Čeka, la spietata polizia segreta creata dai bolscevichi a dicembre del 1917. Ne fu a capo F.E. Dzeržinskij e dopo il 1922 avrà altri nomi tristemente celebri: Gpu, Nkvd, Kgb ecc. [*n.d.r.*].

lettera seguente, ma senza mai riuscirci. In realtà, a volte arrivava a imparare E, F, G, H, ma quando ci riusciva scopriva anche di aver dimenticato A, B, C e D. Decise infine di accontentarsi delle prime quattro lettere e le scriveva una o due volte al giorno per rinfrescarsi la memoria. Mollie si rifiutò di imparare nient'altro oltre le cinque lettere che componevano il suo nome. Aveva l'abitudine di formarle con pezzi di ramoscelli e decorarle con un paio di fiori per poi girarci intorno in piena ammirazione.

Nessuno degli altri animali riusciva ad andare oltre la lettera A. Fu notato anche che i più stupidi - come le pecore, le galline e le anatre - erano incapaci d'imparare a memoria i Sette Comandamenti. Dopo lunga riflessione, Snowball dichiarò che i Sette Comandamenti potevano effettivamente riassumersi in un'unica massima: «Quattro zampe buono, due zampe cattivo». Disse che questa frase conteneva il principio essenziale dell'Animalismo e chiunque l'avesse imparata sarebbe stato al sicuro dall'influenza dell'uomo. Sulle prime gli uccelli obiettarono, pensando di avere a loro volta solo due zampe, ma Snowball dimostrò che così non era.

«Le ali degli uccelli, compagni, sono organi di propulsione e non di manipolazione. Dovrebbero quindi considersi come delle zampe. Il marchio distintivo dell'Uomo è la *mano*, lo strumento con cui commette le sue malvagità».

Gli uccelli non compresero i paroloni usati da Snowball, ma accettarono la sua spiegazione e tutti gli animali più umili s'impegnarono per imparare a memoria la nuova massima. «QUATTRO ZAMPE BUONO, DUE ZAMPE CATTIVO», fu scritto sulla parete del granaio, sopra i Sette Comandamenti e con caratteri più grandi. Dopo averla imparata a memoria, le pecore si affezionarono alla massima, tant'è che spesso, sdraiate nel campo, iniziavano a belare insieme «Quattro zampe buono, due zampe cattivo! Quattro zampe buono, due zampe cattivo!» ed erano capaci di continuare per ore intere senza mai stancarsene.

Napoleon non mostrava alcun interesse per i comitati di Snowball. Sosteneva che l'educazione dei giovani era più importante di qualunque cosa si potesse fare per gli adulti. Il caso volle che sia Jessie che Bluebell avessero figliato subito dopo la fienagione, portando alla luce nove robusti cuccioli. Non appena furono svezzati, Napoleon li tolse alle loro madri, dicendo che si sarebbe occupato della loro educazione. Li portò in una soffitta il cui unico punto d'accesso era una scala nella selleria. In quel posto li tenne in tale isolamento che il resto della fattoria si dimenticò ben presto della loro esistenza.

Il mistero di dove andasse a finire il latte fu rapidamente chiarito: veniva mischiato ogni giorno al pastone dei maiali. Le prime mele stavano maturando e l'erba del frutteto era disseminata di frutti fatti cadere dal vento. Gli animali avevano dato per scontato che quei frutti sarebbero stati divise equamente; ma un giorno fu ordinato di raccogliere le mele e portarle alla selleria per uso dei maiali. Corsero mormorii tra gli animali, ma invano: tutti i maiali erano in pieno accordo sulla questione, persino Snowball e Napoleon. Squealer fu inviato a dare agli altri le spiegazioni necessarie.

«Compagni!» strillò. «Non penserete, spero, che noi maiali facciamo questo con spirito di egoismo e privilegio? In realtà a molti di noi non piacciono né il latte né le mele. Io stesso le detesto. Ci siamo presi questi cibi al solo scopo di preservare la nostra salute. Il latte e le mele (e questo lo ha dimostrato la Scienza, compagni) contengono sostanze assolutamente necessarie per mantenere un maiale in buona salute. E noi maiali dobbiamo lavorare con il cervello, l'intera organizzazione della fattoria dipende da noi. Giorno e notte vegliamo sul vostro benessere. Ed è nell'interesse *vostro* che beviamo quel latte e mangiamo quelle mele. Avete idea di cosa accadrebbe se noi maiali venissimo meno ai nostri doveri? Ritornerebbe Jones! Proprio così, Jones ritornerebbe! Di certo, compagni», gridò Squealer con tono quasi supplichevole, saltellando da un lato all'altro e agitando il codino. «Certamente non c'è nessuno tra voi che voglia veder tornare Jones?»

Ebbene, se c'era una cosa di cui gli animali erano assolutamente certi, era che non volevano che Jones tornasse. Messa in questi termini, non avevano più nulla da dire. L'importanza di mantenere i maiali in buona salute era fin troppo evidente. Fu quindi deciso senza ulteriori commenti che il latte e le mele (compreso il prossimo raccolto di quelle mature) sarebbero stati riservati ai soli maiali.

Capitolo IV

Prima della fine dell'estate, la notizia di ciò che era accaduto nella Fattoria degli Animali si era sparsa in mezza contea. Ogni giorno Snowball e Napoleon inviavano stormi di piccioni, con le istruzioni di mescolarsi agli animali che abitavano nelle fattorie vicine, per raccontare della Ribellione e insegnare loro l'inno di *Bestie d'Inghilterra*.

Durante tutto questo tempo, il signor Jones aveva trascorso la maggior parte delle sue giornate seduto all'osteria del Red Lion di Willingdon, dove si lamentava con chiunque stesse a sentirlo della mostruosa ingiustizia che aveva subìto nel vedersi scacciato dalla sua proprietà ad opera di un branco di bestie buone a nulla. I proprietari delle altre fattorie simpatizzavano con lui in linea di principio, ma inizialmente non gli furono di molto aiuto. Dentro di sè, in realtà, ognuno di loro stava pensando se non fosse per caso possibile volgere la disgrazia di Jones a proprio vantaggio. Era una fortuna che i proprietari delle due fattorie confinanti con quella degli Animali fossero da sempre in cattivi rapporti. Una delle due, chiamata Foxwood [Bosco della Volpe], era una grande fattoria di vecchio stile, trascurata e incolta, con i pascoli esauriti e le siepi in condizioni vergognose. Il suo proprietario, il signor Pilkington, era un gentiluomo di campagna dai modi rilassati che passava la maggior parte del suo tempo a pescare o a cacciare a seconda della stagione. L'altra fattoria, chiamata Pinchfield [Grattaterre], era più piccola e tenuta meglio. Il proprietario era un tale signor Fredrick, un uomo duro e scaltro, perennemente implicato in cause giudiziarie e con fama di essere senza scrupoli in affari. Questi due si detestavano a tal punto che difficilmente sarebbero potuti giungere a un qualsiasi accordo, anche in difesa dei propri interessi.

Ciò non toglie che fossero entrambi terrorizzati dalla ribellione avvenuta nella Fattoria degli Animali e che avrebbero voluto a tutti i costi impedire che i propri animali venissero a saperne troppo. Sulle prime pensarono di poter deridere e screditare l'idea che gli animali potessero gestire una fattoria da soli. Tempo qualche settimana, dicevano, e sarebbe tutto finito. Sparsero in giro la voce che gli animali della Fattoria Padronale (insistevano nell'usare il vecchio nome, non tollerando quello nuovo) litigavano in continuazione tra loro e che sarebbero presto morti di fame. Ma quando col passare del tempo fu evidente che non stavano affatto morendo di fame, Fredrick e Pilkington cambiarono registro e cominciarono a dire che nella Fattoria degli Animali accadeva ogni forma di malvagità: che praticavano il cannibalismo, che si torturavano l'un l'altro con ferri arroventati e che avevano le femmine in comune. Ecco cosa accade, dicevano Fredrick e Pilkington, quando ci si ribella alle leggi della Natura.

A queste storie, tuttavia, non veniva dato molto credito. Racconti su una meravigliosa fattoria, in cui gli esseri umani erano stati cacciati via e gli animali gestivano i propri affari, continuavano a circolare in forme vaghe e distorte, e nel corso di tutto l'anno tirò aria di ribellione nelle campagne vicine. Tori che erano sempre stati docili diventavano violenti d'improvviso, le pecore distruggevano le siepi e divoravano i trifogli, le mucche rovesciavano i secchi a calci, i cavalli da caccia si rifiutavano di saltare gli ostacoli e gettavano a terra i cavalieri. Ma, soprattutto, la melodia e persino le parole di *Bestie d'Inghilterra* erano conosciute ovunque. L'inno si era diffuso con una velocità sbalorditiva. Gli esseri umani non riuscivano a contenere la propria furia quando lo sentivano, nonostante affermassero di trovarlo semplicemente ridicolo. Dicevano di non riuscire a capire come potessero gli animali cantare una porcheria di quel genere. Ogni animale sorpreso a cantarlo veniva fustigato seduta stante. Ma nonostante tutto ciò, era un canto irrefrenabile. I merli lo fischiettavano dalle siepi, i piccioni lo tubavano tra gli olmi, la sua melodia si mescolava al martellare dei fabbri e al suono delle campane. E quando giungeva all'orecchio degli esseri umani, questi tremavano nel proprio intimo, avvertendovi l'annuncio di future disgrazie.

Ai primi di ottobre, quando il grano era stato mietuto, ammucchiato e in parte già trebbiato, uno stormo di piccioni giunse volteggiando nell'aria e atterrò nel giardino della Fattoria degli Animali, in preda alla più grande agitazione. Jones e tutti i suoi, insieme a mezza dozzina di uomini provenienti da Foxwood e Pinchfield avevano oltrepassato il cancello principale e stavano avanzando lungo la via carraia che portava alla fattoria. Erano tutti muniti di bastoni, ad eccezione di Jones che marciava in testa al gruppo con un fucile tra le mani. Era chiaro che intendevano riconquistare la fattoria.

Ciò era stato previsto da tempo ed erano stati fatti tutti i preparativi. Snowball, che aveva studiato le campagne di Giulio Cesare in un vecchio libro rinvenuto nella casa padronale, era incaricato delle operazioni difensive. Egli diede gli ordini in fretta e in pochi minuti ogni animale occupò la propria postazione.

Quando gli esseri umani furono vicini agli edifici, Snowball lanciò il suo primo attacco. Tutti i piccioni, trentacinque di numero, iniziarono a volare avanti e indietro sopra le teste degli uomini, bombardandoli col loro sterco da mezz'aria; e mentre quelli cercavano di far fronte alla situazione, le oche, che erano rimaste nascoste dietro le siepi, saltarono fuori e presero a beccarli selvaggiamente sui polpacci. Questo piccolo assalto, però, era solo una manovra mirata a creare disordine, e gli uomini allontanarono senza difficoltà le oche con i loro bastoni. A quel punto Snowball lanciò la seconda linea di attacco. Muriel, Benjamin e le pecore, con Snowball in testa, si lanciarono sugli umani, colpendoli e incornandoli da ogni parte, mentre Benjamin si girava scalciando con i suoi piccoli zoccoli. Ancora una volta però gli uomini, con in bastoni in mano e gli scarponi chiodati ai piedi, risultarono troppo forti per loro. Ad un tratto, un grido stridulo di Snowball diede il segnale di ritirata e tutti gli animali si voltarono, fuggendo nel cortile.

Gli uomini lanciarono un grido di trionfo. Vedendo i nemici in ritirata, corsero loro dietro in ordine sparso. Snowball, che aveva previsto questa mossa, non aspettava altro. Quando si ritrovarono tutti nel cortile, i tre cavalli, le tre mucche e il resto dei maiali - rimasti in agguato nella stalla - uscirono d'improvviso alle loro spalle, tagliando loro la via di fuga. Snowball diede il segnale d'attacco. Lui stesso si lanciò dritto verso Jones. Quando questi lo vide avanzare, imbracciò il fucile e fece fuoco. Le pallottole sfregiarono la schiena di Snowball e una pecora cadde morta. Senza esitare un istante, Snowball lanciò i suoi quasi cento chili contro le gambe di Jones, che venne scagliato a terra su un mucchio di letame perdendo di mano il fucile.

Ma lo spettacolo più terrificante di tutti fu quando Boxer, impennandosi come uno stallone sulle zampe posteriori, iniziò a sferrare tremendi colpi con i grandi zoccoli ferrati. Il primo colpo si abbatté sul capo di un giovane stalliere di Foxwood, stendendolo esanime nel fango. A quella vista, vari uomini lasciarono cadere il bastone e tentarono di scappare. Si fecero cogliere dal panico e un attimo dopo tutti gli animali erano alle loro calcagna, rincorrendogli per il cortile. Vennero incornati, calciati, morsi e calpestati. Non ci fu un solo animale della fattoria che non si vendicasse a modo proprio. Persino la gatta, saltando da un tetto vicino, atterrò d'improvviso sulle spalle di un bovaro conficcandoli gli artigli nel collo e cavandogli un terribile urlo.

Quando finalmente si aprì per loro una via di fuga, agli uomini non parve vero di potersi precipitare fuori dal cortile e sfrecciare verso la strada principale. E fu così che, a soli cinque minuti dalla loro invasione, stavano battendo ignominiosamente in ritirata, inseguiti da un branco di oche sibilanti che continuavano a beccarli sui polpacci.

Tutti gli uomini se n'erano andati, tranne uno. In fondo al cortile Boxer stava provando a rivoltare con lo zoccolo lo stalliere che giaceva a faccia in giù nel fango. Ma il giovane restava immobile.

«È morto», disse Boxer tristemente. «Non avevo alcuna intenzione di fare questo. Mi ero dimenticato di avere i ferri. Chi crederà mai che non l'ho fatto di proposito?».

«Niente sentimentalismi, compagno!» gridò Snowball, le cui ferite stavano ancora sanguinando. «La guerra è guerra. L'unico umano buono è un umano morto»*.

* Parodia del noto slogan anticomunista in voga negli Usa del senatore McCarthy: *The only good Communist is a dead Communist* (L'unico comunista buono è un comunista morto) [*n.d.r.*].

«Non voglio togliere la vita a nessuno, neanche se è una vita umana», ripeté Boxer, con gli occhi pieni di lacrime.

«Dov'è Mollie?», esclamò qualcuno.

Mollie, infatti, era sparita. Per un po' vi fu grande allarme; si temeva che gli uomini avessero potuto farle del male o persino che se la fossero portata via. Alla fine, però, venne trovata nella sua stalla, con la testa nascosta nel fieno della mangiatoia. Era scappata non appena Jones aveva sparato. E quando gli altri tornarono fuori nel cortile, scoprirono che il giovane stalliere, che in realtà era solo stordito, era già rinvenuto e scappato via.

Gli animali si riunirono in preda a un'eccitazione sfrenata, con ognuno che raccontava a gran voce le proprie imprese nel corso della battaglia. Venne improvvisata sul posto una celebrazione per la vittoria. Fu issata la bandiera e fu cantato varie volte *Bestie d'Inghilterra*. Poi si organizzò un funerale solenne per la pecora che era rimasta uccisa. Sulla sua tomba fu piantato un cespuglio di biancospino e Snowball proferì un breve discorso, enfatizzando il fatto che tutti loro fossero all'occorrenza pronti a morire per la Fattoria degli Animali.

Fu deciso all'unanimità di istituire una decorazione militare, «Animale Eroe di Prima Classe», che fu subito conferita a Snowball e a Boxer. Consisteva in una medaglia d'ottone (in realtà si trattava semplicemente di borchie per finimenti da cavalli trovate nella selleria) da portare la domenica e durante le festività. C'era anche la decorazione di «Animale Eroe di Seconda Classe» che fu conferita postuma conferita alla pecora morta.

Si discusse a lungo sul nome da dare alla battaglia. Venne infine chiamata «Battaglia della Stalla», essendo stato quello il punto da cui era partito l'agguato. Il fucile del signor Jones fu ritrovato nel fango, e si sapeva che vi era una provvista di cartucce nella casa padronale. Venne deciso di piazzare il fucile alla base della bandiera, come un pezzo di artiglieria, e di farlo sparare due volte all'anno: il dodici ottobre, anniversario della Battaglia della Stalla, e il giorno di San Giovanni, anniversario della Ribellione.

Capitolo V

Con l'avanzare dell'inverno, il comportamento di Mollie si fece sempre più preoccupante. Ogni mattina arrivava al lavoro in ritardo con la scusa di non essersi svegliata in tempo; si lamentava poi di certi dolori misteriosi, sebbene il suo appetito fosse ottimo. Ogni pretesto era buono per scappare dal lavoro e andare allo stagnetto che fungeva da abbeveratoio, dove se ne stava ad ammirare scioccamente il proprio riflesso nell'acqua. Correva, però, voce che ci fosse qualcosa di più grave. Un giorno, mentre Mollie trotterellava spensierata nel cortile, ondeggiando la lunga coda e masticando un filo di fieno, Clover la prese da parte.

«Mollie», le disse, «devo farti un discorso molto serio. Questa mattina ho notato che stavi guardando oltre la siepe che separa la Fattoria degli Animali da Foxwood e che dall'altra parte c'era uno degli uomini del signor Pilkington. Ero molto lontana, ma sono quasi certa di averlo visto - ti stava parlando e tu permettevi che ti accarezzasse il naso. Cosa vuol dire questo, Mollie?»

«Non l'ha fatto! Non l'ho lasciato fare! Non è vero!», gridò Mollie, cominciando a impennarsi e a grattare il terreno con gli zoccoli.

«Mollie! Guardami in faccia. Mi dai la tua parola d'onore che quell'uomo non ti stava accarezzando il naso?»

«Non è vero!» ripeté Mollie, ma non riuscì a sostenere lo sguardo di Clover, e un momento dopo fuggì nel campo al galoppo.

A Clover venne d'improvviso un'idea. Senza farne parola agli altri, andò nella stalla di Mollie e rivoltò la paglia con lo zoccolo. Nascosti sotto di essa vi era una piccola pila di zollette di zucchero e vari mucchietti di nastri di diversi colori.

Tre giorni dopo, Mollie scomparve. Per varie settimane non si seppe nulla di lei, poi i piccioni riferirono di averla vista dall'altro lato di Willingdon. Era tra le stanghe di un elegante calesse verniciato in rosso e nero, fermo di fronte a un pub. Un grassone dal volto rubizzo, con i pantaloni a scacchi e le ghette, che dall'aspetto sembrava un oste, le stava accarezzando il naso dandole delle zollette di zucchero. Il pelo era stato tosato di recente e un nastro scarlatto le cingeva il ciuffo. Sembrava fosse contenta, a quanto dissero i piccioni. Nessuno degli animali fece mai più il nome di Mollie.

A gennaio arrivò un freddo molto forte, pungente. La terra sembrava di ferro e nei campi non si poteva fare nulla. Si tennero molti raduni nel granaio e i maiali si tennero occupati con la pianificazione del lavoro per la stagione imminente. Era ormai stato accettato che i maiali, i quali erano evidentemente più intelligenti del resto degli animali, decidessero tutto ciò che riguardava l'organizzazione della fattoria, anche se poi le loro decisioni dovevano essere ratificate da una votazione a maggioranza. Questa soluzione saebbe anche potuta andar bene se non fosse stato per le continue dispute tra Snowball e Napoleon. I due erano in disaccordo su qualsiasi punto su cui discordare fosse possibile. Se uno dei due suggeriva di seminare una superficie maggiore d'orzo, si poteva star certi che l'altro avrebbe chiesto che venisse seminata più avena; e se uno di loro diceva che un determinato terreno era ideale per i cavoli, l'altro dichiarava che era buono solo per piantare radici. Ognuno dei due aveva il proprio seguito e le discussioni erano infuocate. Nelle riunioni Snowball riportava spesso la maggioranza grazie ai suoi discorsi brillanti, ma Napoleon era più abile a raccogliere consensi tra un Consiglio e l'altro. Aveva particolare successo con le pecore.

Queste ultimamente, a proposito o a sproposito, avevano preso a belare in continuazione «Quattro zampe buono, due zampe cattivo», interrompendo così le riunioni. Si notò che erano particolarmente propense a farlo in punti cruciali dei discorsi di Snowball. Questi aveva studiato attentamente dei vecchi numeri di *Farmer and Stockbreeder*[*], trovati nella casa padronale, e aveva la testa piena di idee per innovare e appor-

* [Colono e allevatore]. Rivista nata come settimanale nel 1889 e diventata ben presto il principale periodico di agricoltura, assorbendo altre testate nel 1925. Nel 1971, diventerà l'organo ufficiale della National Farmers Union col nome di *British Farmer and Stockbreeder*, fino alla sua chiusura nel 1984 [*n.d.r.*].

tare migliorie. Parlava in maniera molto competente del drenaggio dei campi, dell'immagazzinamento nei silos, delle scorie basiche, e aveva anche progettato un sistema complicato con il quale tutti gli animali avrebbero deposto i propri escrementi direttamente sui campi, ogni giorno in un punto diverso, in modo da risparmiare sul lavoro di trasporto. Napoleon non elaborò alcun progetto proprio, ma diceva tranquillamente che quelli di Snowball non sarebbero approdati a nulla e dava l'impressione di voler aspettare l'occasione propizia. Di tutte le loro dispute, però, nessuna fu aspra quanto quella riguardante il mulino a vento*.

Sul pascolo lungo, non lontano dagli edifici, vi era una collinetta, il punto più alto della fattoria. Dopo aver esaminato il terreno, Snowball dichiarò che quello era il posto ideale per un mulino a vento, che avrebbe azionato una dinamo, fornendo così energia elettrica alla fattoria. In tal modo le stalle sarebbero state illuminate e riscaldate durante l'inverno; in più sarebbe stato possibile adoperare una sega circolare, un trinciapaglia, un affettarape e una mungitrice elettrica.

Gli animali non avevano mai sentito nulla di tutto ciò (giacché la fattoria era antiquata e possedeva solo

* In tutta la parte narrativa riguardante la costruzione del mulino a vento, è simbolizzata la vicenda dell'industrializzazione forzata (accelerata). Questa fu voluta da Stalin a partire dal 1927 e messa in pratica dal 1929 (col primo Piano quinquennale varato dal Gosplan), deformando idee favorevoli a un diverso tipo d'industrializzazione formulate anni prima da Trotsky [*n.d.r.*].

macchinari primitivi); ma ascoltavano con grande stupore Snowball che evocava immagini di fantastiche macchine che avrebbero lavorato al posto loro, lasciandoli liberi di pascolare con comodo sui campi o di sviluppare le menti mediante la lettura e la conversazione.

Nel giro di poche settimane Snowball aveva ultimato i piani per il mulino a vento. I dettagli meccanici provenivano in gran parte da tre libri appartenuti al signor Jones: *Mille cose utili da fare per la casa*, *Ogni uomo è il proprio muratore* ed *Elettricità per principianti*. Snowball usava come studio un capanno che una volta aveva contenuto le incubatrici e che, grazie al pavimento di legno liscio, era adatto a disegnarci sopra. Vi stava rinchiuso per ore. Con i libri tenuti aperti da una pietra, e un pezzo di gesso stretto tra le nocche del suo zoccolo, si muoveva rapidamente su e giù, tracciando linea dopo linea ed emettendo piccoli guaiti di soddisfazione. Gradualmente i piani divennero una complicata massa di manovelle e ruote dentate che ricopriva più della metà del pavimento e che gli animali trovavavano totalmente indecifrabili ma molto suggestivi. Almeno una volta al giorno tutti gli animali passavano a guardare i disegni di Snowball. Persino le galline e le anatre andavano, facendo attenzione a non calpestare le linee segnate col gesso. Solo Napoleon mantenneva la distanza. Si era dichiarato contrario al mulino a vento fin dall'inizio. Un giorno, però, arrivò inaspettatamente per esaminare i piani. Camminando con passo pesante per il capannone, osservò gli schemi in ogni loro dettaglio, a tratti emettendo sbuffi di disprezzo. Restò poi qualche secondo fermo a contemplare il tutto con la coda dell'occhio per poi alzare all'improvviso una zampa, urinare sopra i piani, e uscire senza proferire parola.

L'intera fattoria era profondamente divisa sul tema del mulino. Snowball non negava che la sua costruzione sarebbe stata un'impresa difficile. Bisognava trasportare la pietra ed erigere le mura, poi si dovevano costruire le pale e infine sarebbero stati necessari dinamo e cavi. (Di come questi si sarebbero procurati, Snowball non fece parola.) Sosteneva, però, che si poteva fare tutto entro un anno. Dichiarò anche che, in seguito, la loro vita si sarebbe semplificata a tal punto che gli animali avrebbero dovuto lavorare solo tre giorni per settimana. Napoleon, invece, affermò che la principale necessità del momento era la produzione di cibo, e che se avessero perso tempo con il mulino sarebbero morti di fame.

Gli animali si divisero formando due fazioni, ciascuna con il suo slogan: «Vota per Snowball e la settimana di tre giorni» e «Vota per Napoleon e la mangiatoia piena». Benjamin era l'unico animale che non si schierò dall'una o altra parte. Rifiutava di credere che il cibo sarebbe diventato più abbondante e che il mulino avrebbe risparmiato lavoro. Mulino o no, disse, la vita sarebbe continuata come sempre, cioè in malo modo.

Oltre alle dispute riguardanti il mulino c'era la questione della difesa della fattoria. Era ben chiaro che nonostante gli esseri umani fossero stati sconfitti nella

Battaglia della Stalla, avrebbero potuto fare un altro tentativo, questa volta più risoluto, per riconquistare la fattoria e reinsediarvi il signor Jones. In effetti avevano ancora più motivi per farlo, giacché la notizia della loro sconfitta si era sparsa per tutto il contado, rendendo gli animali delle fattorie confinanti più irrequieti che mai. Come al solito, Snowball e Napoleon erano in disaccordo. Secondo Napoleon gli animali avrebbero dovuto procurarsi armi da fuoco e addestrarsi a usarle. Secondo Snowball dovevano inviare sempre più piccioni per istigare alla ribellione gli animali delle fattorie vicine. L'uno sosteneva che se non fossero stati in grado di difendersi erano destinati a essere conquistati, mentre l'altro affermava che se le ribellioni fossero avvenute ovunque non ci sarebbe stato bisogno di difendersi. Gli animali ascoltarono prima Napoleon, poi Snowball, ma non riuscivano a decidere cosa fosse giusto; a dire il vero si trovavano sempre in accordo con chiunque dei due stesse parlando in un dato momento.

Giunse finalmente il giorno in cui i piani di Snowball furono completati. Al Consiglio della domenica seguente la questione della costruzione del mulino si doveva mettere ai voti. Quando gli animali si furono riuniti nel granaio principale, Snowball si alzò e, nonostante le sporadiche interruzioni delle pecore, presentò le proprie ragioni a favore della costruzione del mulino a vento. Poi Napoleon si alzò per pronunciare la replica. Disse molto tranquillamente che il piano era una sciocchezza, sconsigliò a tutti di votare a favore e tornò a sedersi; aveva parlato sì e no per trenta secondi, e sembrava quasi indifferente all'effetto prodotto. A quel punto Snowball balzò in piedi e urlando di tacere alle pecore che avevano ripreso a belare, proruppe in un discorso appassionato a favore del mulino.

Fino a quel punto gli animali erano stati divisi pressoché equamente nelle loro simpatie, ma ora venivano trascinati dall'eloquenza di Snowball. Con frasi brillanti egli dipinse un'immagine della Fattoria degli Animali come sarebbe potuta diventare dopo aver alleggerito sulle loro spalle il carico del sordido lavoro. La sua immaginazione andò ben oltre il trinciapaglia e l'affettarape. L'elettricità, disse, poteva azionare trebbiatrici, aratri, frangizolle, rulli compressori, mietitrici e legatrici, oltre che fornire ciascuna stalla di luce elettrice, acqua calda e una stufa elettrica. Quando ebbe finalmente concluso il suo discorso, era chiaro come sarebbe andato il voto. Ma, proprio in quel momento Napoleon si alzò e, lanciando a Snowball uno strano sguardo con la coda dell'occhio, emise un mugolio acuto, come nessuno gli aveva mai sentito fare prima.

A quel punto si sentì un terribile latrato provenire da fuori, e nove enormi cani con indosso collari borchiati irruppero nel granaio. Si scagliarono dritti su Snowball, che balzò via dal suo posto giusto in tempo per evitare le loro fauci. Un attimo dopo fuggiva dalla porta, con i cani dietro di lui. Troppo stupiti e impauriti per parlare, gli animali si affollarono all'esterno per vedere l'inseguimento. Snowball stava correndo attraverso il lungo pascolo che conduceva alla strada. Correva come solo i maiali sanno fare, ma i cani erano alle sue calcagna. Improvvisamente scivolò, e sembrò che i cani lo avessero preso; ma si rialzò e riprese a correre più in fretta che mai, mentre i cani stavano di nuovo guadagnando terreno. Uno di loro quasi serrò le fauci sulla coda di Snowball, che però la spostò giusto in tempo. Poi fece un ultimo scatto e, per pochi centimetri, guizzò attraverso un buco nella siepe e scomparve alla vista.

In silenzio e terrificati, gli animali si trascinarono dentro il granaio. Un momento dopo i cani erano tornati. All'inizio nessuno era riuscito a capire da dove quelle creature fossero sbucate, ma il mistero fu presto risolto: erano i cuccioli che Napoleon aveva tolto alle loro madri e cresciuto privatamente. Sebbene non ancora completamente maturi, erano cani enormi, e feroci come lupi. Restavano sempre intorno a Napoleon e fu notato che gli scodinzolavano davanti allo stesso modo in cui gli altri cani erano abituati a fare in presenza del signor Jones.

Napoleon, con i cani al suo seguito, si sistemò sulla parte rialzata del pavimento dove il Vecchio Maggiore aveva pronunciato il suo discorso. Annunciò che da allora in poi i Consigli della domenica mattina sarebbero cessati. Disse che non erano più necessari e che rappresentavano una perdita di tempo. In futuro, tutte le questioni riguardanti l'organizzazione della fattoria sarebbero state risolte da un comitato speciale di maiali che avrebbe preceduto egli stesso. Si sarebbero incontrati in privato e avrebbero poi comunicato le loro decisioni agli altri. Gli animali avrebbero continuato a riunirsi la domenica mattina per salutare la bandiera, cantare *Bestie d'Inghilterra* e ricevere gli ordini per la settimana; ma non ci sarebbero più stati dibattiti.

Nonostante l'espulsione di Snowball li avesse sconvolti, gli animali rimasero turbati da quell'annuncio. Vari di loro avrebbero protestato se solo avessero trovato gli argomenti giusti. Persino Boxer era vagamente inquieto. Schiacciò le orecchie all'indietro, scosse il ciuffo varie volte e provò con tutte le forze a raccogliere i propri pensieri, ma alla fine non gli venne in mente nulla da dire. Alcuni dei maiali, però, furono più eloquenti. Quattro giovani porcelli dalla prima fila emisero stridi acuti di disapprovazione e, balzando in piedi, iniziarono subito a parlare. Improvvisamente, però, i cani seduti intorno a Napoleon ringhiarono minacciosie, al che i maiali si zittirono e tornarono a sedersi. Allora le pecore proruppero in un tremendo belato di «Quattro zampe buono, due zampe cattivo», che continuò per quasi un quarto d'ora e segnò la fine di qualsiasi possibilità di discussione.

In seguito Squealer venne inviato in giro per la fattoria a spiegare agli altri la nuova organizzazione.

«Compagni», disse, «mi auguro che ogni animale qui comprenda il sacrificio fatto dal compagno Napoleon nell'assumere sulla propria persona questo lavoro supplementare. Nessuno più del compagno Napoleon è convinto che tutti gli animali siano uguali.

Sarebbe fin troppo contento di lasciare che decidiate da soli, ma è possibile che certe volte facciate le scelte sbagliate, compagni, e cosa ne sarebbe di noi in quel caso? Supponiamo che aveste deciso di seguire Snowball, con i suoi assurdi piani sui mulini a vento; Snowball, che ora sappiamo essere nient'altro che un criminale!».

«Ma ha combattuto valorosamente nella Battaglia della Stalla», fece qualcuno.

«Il valore non basta», disse Squealer. «Lealtà e obbedienza sono più importanti. E in quanto alla Battaglia della Stalla, penso verrà il tempo in cui si scoprirà che la parte di Snowball in essa è stata molto esagerata. Disciplina, compagni, disciplina ferrea! È questa la parola d'ordine della giornata. Un passo falso e i nostri nemici saranno alle porte. Di certo non vorrete che ritorni Jones?».

Ancora una volta, a quest'argomento non si poteva ribattere. Ovviamente gli animali non volevano che Jones tornasse e se i dibattiti domenicali potevano causare il suo ritorno allora dovevano interrompersi. Boxer, che aveva avuto tempo per riflettere, espresse il sentimento generale dicendo «Se lo dice il compagno Napoleon, dev'essere giusto». Da lì in poi adottò la massima «Napoleon ha sempre ragione», in aggiunta al suo motto privato, «lavorerò di più».

Il tempo era ormai cambiato e l'aratura primaverile era cominciata. Il capannone dove Snowball aveva elaborato i suoi piani era stato chiuso e si pensava che i disegni fossero stati cancellati dal pavimento. Alle dieci di ogni domenica mattina gli animali si riunivano nel granaio principale per ricevere gli ordini della settimana. Il teschio del Vecchio Maggiore, ora privo di carne, era stato disotterrato dal frutteto e posizionato su un ceppo ai piedi della bandiera, accanto al fucile. Dopo l'alzabandiera gli animali erano tenuti a passare con reverenza di fronte al teschio prima di entrare nel granaio. Ormai non sedevano più tutti insieme come una volta. Napoleon, con Squealer e un altro maiale chiamato Minimus, che era particolarmente dotato per la composizione di canzoni e poesie, sedevano nella parte anteriore della piattaforma rialzata, con i nove giovani cani disposti a semicerchio intorno a loro e gli altri maiali alle spalle. Il resto degli animali sedevano nel corpo principale del granaio, rivolti verso di loro. Napoleon lesse gli ordini della settimana col tono brusco da sergente. Dopo aver cantato una sola volta *Bestie d'Inghilterra* gli animali si dispersero.

Alla terza domenica dall'espulsione di Snowball gli animali furono sorpresi di sentir annunciare a Napoleon che il mulino a vento dopotutto lo si doveva costruire. Non diede nessuna spiegazione per aver cambiato idea, ma si limitò ad avvertire gli animali che quest'impresa sarebbe costata duro lavoro e che forse sarebbe stato addirittura necessario ridurre le loro razioni. I piani, in ogni caso, erano stati preparati fino all'ultimo dettaglio. Un comitato speciale di maiali ci stava lavorando da tre settimane. Si prevedeva che la costruzione del mulino, insieme a varie altre migliorie, sarebbe durata due anni.

Quella sera, in privato, Squealer spiegò agli altri animali che Napoleon in realtà non era mai stato opposto al mulino. Al contrario, era stato lui stesso a proporre l'idea inizialmente, e il piano disegnato da Snowball sul pavimento dell'incubatrice era stato rubato dalle carte di Napoleon. Il mulino a vento era, di fatto, una creazione di Napoleon. Perché, allora, chiese qualcuno, ne aveva parlato in termini così negativi? Qui Squealer sembrò molto subdolo.

Proprio quella, disse, era stata l'astuzia del compagno Napoleon che *aveva fatto finta* di opporsi al mulino semplicemente come manovra per sbarazzarsi di Snowball, che era un personaggio pericoloso dalla cattiva influenza. Ora che Snowball era stato tolto di mezzo, il piano poteva avanzare senza la sua interferenza. Questa, disse Squealer, era una cosa che si chiamava tattica. «Tattica, compagni, tattica!» ripeté più volte, saltellando e scuotendo il codino con un'allegra risata. Gli animali non erano sicuri cosa volesse dire quella parola, ma Squealer aveva parlato così persuasivamente, e i tre cani che l'accompagnavano ringhiarono così minacciosamente, che si dovette accettare la spiegazione senza ulteriori domande.

CAPITOLO VI

Durante tutto l'anno gli animali lavorarono come schiavi. Ma erano felici nel loro lavoro e non si lagnavano della fatica o dei sacrifici, ben consapevoli del fatto che tutto ciò lo facevano a proprio beneficio e per gli altri della loro specie che sarebbero venuti dopo di loro, e non per una masnada di esseri umani ladri e fannulloni.

Nel corso della primavera e dell'estate lavorarono sessanta ore a settimana, e ad agosto Napoleon annunciò che si sarebbe lavorato anche la domenica pomeriggio. Si trattava di un lavoro strettamente volontario, ma qualsiasi animale non si fosse presentato avrebbe avuto le razioni ridotte della metà. Ciò nonostante, si dovettero lasciare incompiute alcune attività. Il raccolto andò un po' meno meno bene dell'anno precedente e due campi che si sarebbero dovuti seminare a tuberi rimasero incolti perché l'aratura non era stata terminata in tempo. Era possibile prevedere che il prossimo inverno sarebbe stato molto duro.

Il mulino a vento presento difficoltà impreviste. C'era una buona cava di pietra calcarea a ridosso della fattoria e in uno degli edifici erano stati trovati sabbia e cemento in abbondanza, di modo che tutti i materiali necessari alla costruzione erano a portata di mano. Tuttavia, c'era un problema che gli animali non seppero inizialmente risolvere e cioè come fare per rompere le pietre in pezzi delle giuste dimensioni. Sembrava non ci fosse modo per farlo se non utilizzando picconi e palanchini, che nessun animale poteva adoperare, non potendo stare dritti sulle zampe posteriori. Solo dopo settimane di vani tentativi qualcuno ebbe la giusta idea, e cioè di utilizzare la forza di gravità. Enormi massi, assolutamente impossibili da usare così com'erano, erano disseminati nel letto della cava. Gli animali vi legarono delle corde e poi tutti insieme, mucche, cavalli, pecore e ogni altro animale che potesse reggere la corda (persino i maiali si unirono in certi momenti critici) trascinarono le pietre con disperata lentezza lungo il pendio verso la cima della cava, dove venivano poi spinte oltre l'orlo per infrangersi al di sotto. Una volta frantumata, il trasporto della pietra era relativamente semplice. I cavalli la spostavano coi carri, le pecore trascinavano un blocco alla volta, persino Muriel e Benjamin s'imbrigliavano a un vecchio carretto a due ruote e facevano la propria parte. Per la fine dell'estate era stata accumulata una quantità di pietra sufficiente e quindi, sotto la supervisione dei maiali, i lavori ebbero inizio.

Fu, però, un procedimento lungo e laborioso. Spesso serviva un giorno intero di sfibrante lavoro per trascinare un singolo masso fino alla cima della cava, e a volte, quando venivano spinti dabbasso, nemmeno si rompevano. Niente sarebbe stato possibile senza l'aiuto di Boxer, la cui forza sembrava eguagliare quella del resto degli animali messi insieme. Quando il masso iniziava a scivolare e gli animali gridavano disperati vedendosi trascinati lungo la collina, era sempre Boxer che, resistendo con forza sulla corda, riusciva a fermarlo. Vederlo avanzare lungo il pendio un centimetro dopo l'altro, col fiatone, le punte degli zoccoli ficcate nel terreno e i grandi fianchi fradici di sudore, riempiva tutti di ammirazione. Clover a volte l'avvertiva di non affaticarsi troppo, ma Boxer non la ascoltava mai. I suoi due slogan - «lavorerò di più» e «Napoleon ha sempre ragione» - gli sembravano una risposta sufficiente a tutti i problemi. Si era messo d'accordo col gallo perché la mattina lo svegliasse non più mezzora, ma tre quarti d'ora in anticipo. E nel tempo libero, che di quei tempi non era molto, andava da solo alla cava, prendeva un carico di pietre spezzate e lo trascinava senza aiuto giù fino al cantiere del mulino.

Nonostante il duro lavoro, gli animali non se la passarono male quell'estate. Se il cibo non era aumentato dai tempi di Jones, quanto meno non era diminuito. Il vantaggio di dover nutrire solo se stessi, senza dover sostenere anche cinque esseri umani nullafacenti, era tale che ci sarebbero voluti molti fallimenti perché non ne fosse valsa la pena. E da vari punti di vista il metodo animale di fare le cose era più efficiente e risparmiava lavoro. La sarchiatura, per esempio, poteva essere svolta con un livello di precisione impensabile agli esseri umani. E ancora, visto che ora nessun animale rubava, non era più necessario recintare i pascoli per separarli dalla terra arabile, risparmiando così una mole di lavoro per la manutenzione delle siepi e dei cancelli. Ciò nonostante, col passare dell'estate cominciarono a farsi sentire numerose carenze. Servivano olio di paraffina, chiodi, spago, biscotti per cani e ferro per gli zoccoli dei cavalli: tutte cose che non si potevano produrre nella fattoria. In seguito, ci sarebbe stato anche bisogno di semi e concimi artificiali, oltre che di vari attrezzi e, per finire, le componenti meccaniche del mulino a vento. Come procurarsi tutto ciò, nessuno riusciva a immaginare.

Una domenica mattina, quando gli animali si riunirono per ricevere gli ordini del giorno, Napoleon annunciò di aver adottato una nuova politica. Da quel momento in poi la Fattoria degli animali avrebbe intrattenuto rapporti commerciali con le fattorie vicine, non certo a scopo commerciale, ma semplicemente per ottenere alcuni materiali urgentemente necessari. Le necessità del mulino, disse, dovevano esser messe al di sopra di ogni altra cosa. Stava quindi prendendo accordi per vendere un carico di fieno e una parte del raccolto di grano di quell'anno. Se poi fosse servito dell'altro denaro, lo si sarebbe ricavato dalla vendita delle uova, per le quali vi era sempre mercato a Willingdon. Le galline, disse Napoleon, avrebbero dovuto accogliere questo sacrificio come il loro speciale contributo all'edificazione del mulino a vento.

Ancora una volta gli animali provarono uno strano senso di disagio. Non avere nulla a che fare con gli esseri umani, non commerciare, non usare denaro - non erano forse le risoluzioni adottate in quel primo, trionfale Consiglio dopo la cacciata di Jones? Tutti gli animali ricordavano di aver votato tali risoluzioni o almeno pensavano di ricordarlo. I quattro maiali che avevano protestato quando Napoleon abolì il Consiglio, alzarono la voce timidamente, ma furono prontamente messi a tacere dal terribile ringhio dei cani. Poi, come al solito, le pecore presero a belare a gran voce «quattro zampe buono, due zampe cattivo», disperdendo il momentaneo disagio. Infine Napoleon alzò lo zoccolo per fare silenzio e annunciò che tutti i preparativi erano già stati fatti. Nessun animale avrebbe avuto bisogno di entrare in contatto con gli esseri umani, dato che la cosa sarebbe stata chiaramente poco desiderabile. Se ne sarebbe assunto lui l'onere sulle proprie spalle. Un certo signor Whymper [Lagnoso], un avvocato che viveva a Willingdon, aveva accettato di agire da intermediario tra la Fattoria degli Animali e il mondo esterno, e sarebbe passato al mattino tutti i lunedì per ricevere le sue istruzioni. Napoleon concluse il discorso con il consueto grido «Lunga vita alla Fattoria degli Animali», e dopo il canto di *Bestie d'Inghilterra* gli animali furono congedati.

Più tardi Squealer fece il giro della fattoria per tranquillizzare gli animali. Assicurò loro che nessuna risoluzione contro il commercio era mai stata votata, né tantomeno proposta. La loro era pura immaginazione che probabilmente si poteva far risalire a menzogne diffuse da Snowball. Alcuni animali nutrivano ancora qualche dubbio, ma Squealer, scaltramente, chiese loro «Siete certi di non averlo sognato, compagni? Avete qualche registro di una tale risoluzione? Sta scritto da qualche parte?». E dato che era certamente vero che non esisteva nulla per iscritto, gli animali dovettero riconoscere di essersi sbagliati.

Ogni lunedì, come da accordo, il signor Whymper visitava la fattoria. Era un ometto con le basette e dall'aspetto scaltro, avvocato in una piccola impresa ma abbastanza astuto da capire prima di chiunque altro che la Fattoria degli Animali avrebbe avuto bisogno di un agente e che per le commissioni ne sarebbe valsa la pena. Gli animali lo guardavano andare e venire con un certo timore, evitandolo per quanto possibile. Ciò nonostante, la vista di Napoleon, a quattro zampe, che dava ordini a Whymper, su due, alimentava il loro orgoglio riconciliandoli in parte con le nuove disposizioni. Le loro relazioni con la razza umana erano rimaste più o meno le stesse. Non che gli esseri umani odiassero la Fattoria degli Animali meno di prima, ora che stava prosperando: al contrario, l'odiavano più che mai. Ognuno di loro era assolutamente convinto che la fattoria sarebbe andata in bancarotta prima o poi e, soprattutto, che il mulino a vento sarebbe stato un fallimento.

Si riunivano nei pub e, con tanto di diagrammi, si dimostravano a vicenda che il mulino era destinato a crollare o che, se fosse rimasto in piedi, non avrebbe mai funzionato. Eppure, contro la loro stessa volontà, avevano sviluppato un certo rispetto per l'efficienza con la quale gli animali gestivano i propri affari. Uno dei sintomi di ciò era che avevano cominciato a chiamare la

Fattoria degli Animali col suo vero nome, invece di fingere che si chiamasse ancora Fattoria Padronale. Avevano anche interrotto il loro sostegno a Jones, che si era rassegnato all'idea che non avrebbe mai riavuto indietro la propria fattoria ed era andato a vivere in un'altra parte della contea. Oltre al rapporto con Whymper, non vi era ancora alcun contatto tra la Fattoria degli Animali e il mondo esterno, ma correvano costantemente voci che Napoleon fosse sul punto d'instaurare un preciso rapporto d'affari o col signor Pilkington di Foxwood o col signor Fredrick di Pinchfield - mai però, fu osservato, con entrambi contemporaneamente*.

Fu questo il periodo in cui i maiali si spostarono improvvisamente nella casa padronale e vi si stabilirono. E di nuovo agli animali parve di ricordare che una risoluzione contraria a ciò era stata adottata nei primi tempi; ma ancora una volta Squealer riuscì a convincerli che non era così. Era assolutamente necessario, disse, che i maiali, essendo i cervelli della fattoria, avessero un posto tranquillo dove lavorare. Inoltre, una casa era più adeguata di un mero porcile alla dignità del Capo (giacché negli ultimi tempi aveva preso a riferirsi a Napoleon con questo titolo). Ciò nonostante, alcu-

* Riferimento - velato ma non troppo - alla politica di Stalin all'epoca del patto di Monaco, quando l'Urss oscillava nella ricerca di alleanze, da un lato, con Francia e Inghilterra, e, dall'altro, con Hitler (qui Frederick di Pinchfield). Alla fine prevalse la scelta favorevole a Hitler quando, col patto Ribbentrop-Molotov (agosto 1939) e l'invasione della Polonia fu dato avvio alla Seconda guerra mondiale [*n.d.r.*].

ni degli animali furono turbati quando sentirono che non solo i maiali prendevano i pasti nella cucina e usavano il salotto come luogo di ricreazione, ma che dormivano anche nei letti. Boxer accettò la cosa con il solito «Napoleon ha sempre ragione!»; ma Clover, che era piuttosto sicura di ricordare una regola contro i letti, andò in fondo al granaio e cercò di decifrare i Sette Comandamenti che erano lì scritti. Accortasi di saper leggere solo le singole lettere, chiamò Muriel.

«Muriel», disse, «leggimi il Quarto Comandamento. Non dice qualcosa sul non dormire mai in un letto?».

Con qualche difficoltà, Muriel cominciò a decifrare e alla fine annunciò: «Nessun animale dormirà in un letto *che abbia lenzuola*"».

Clover non ricordava che quel comandamento menzionasse le lenzuola; ma se era scritto sul muro, doveva essersi sbagliata. Infine, Squealer, che per caso stava passando di lì, accompagnato da due o tre cani, riuscì a mettere l'intera faccenda nella giusta prospettiva.

«Quindi, compagni, avete saputo che noi maiali ora dormiamo nei letti della casa padronale? E perché no? Non avrete di certo pensato che ci fosse mai stata una regola contro i letti? Un letto non è altro che un posto dove dormire. A rigor di termini, anche un mucchio di paglia in una stalla è un letto. La regola era contro le lenzuola, che sono invenzione dell'uomo. Noi le abbiamo rimosse dai letti della casa, e dormiamo tra le coperte. E come sono comodi, questi letti! Ma non più comodi, posso assicurarvelo, di quanto non ci serva, con tutto il lavoro mentale che dobbiamo fare di questi tempi. Voi non ci derubereste del nostro riposo, non è vero, compagni? Non vorreste che fossimo troppo stanchi per assolvere ai nostri compiti? Di certo nessuno tra voi vuole che ritorni Jones?».

Gli animali lo rassicurarono subito su questo punto, e l'argomento dei letti non fu più toccato. E quando, qualche giorno dopo, venne annunciato che da allora in poi i maiali si sarebbero svegliati un'ora più tardi degli altri animali, nemmeno questo destò proteste.

L'arrivo dell'autunno trovò gli animali stanchi ma felici. Avevano avuto un anno faticoso e, dopo la vendita di parte del fieno e del grano, i magazzini non erano molto pieni, ma il mulino a vento compensava tutto. Ora era costruito quasi a metà. Dopo il raccolto ci fu un periodo di tempo sereno e asciutto, e gli animali lavorarono più duramente che mai, convinti che valesse la pena trascinare blocchi di pietra avanti e indietro tutto il giorno se così facendo avrebbero potuto alzare le mura di un altro po' di centimetri. Boxer usciva persino di notte per lavorare un paio d'ore da solo alla luce della luna settembrina. Nel loro tempo libero, gli animali camminavano attorno al mulino per metà completo, ammirando la forza e perpendicolarità delle sue mura e meravigliandosi di essere mai riusciti a costruire qualche cosa di talmente imponente. Solo il vecchio Benjamin rifiutava di entusiasmarsi per il mulino, sebbene, come al solito, si limitasse alla sua enigmatica affermazione che gli asini vivono a lungo.

Novembre giunse accompagnato da furiosi venti da sudovest. I lavori di costruzione dovettero interrompersi perché c'era troppa umidità per mischiare il cemento. Arrivò infine una notte in cui il vento soffiò talmente forte che scosse gli edifici fin nelle fondamenta e strappò varie tegole dal tetto del granaio. Le galline si svegliarono schiamazzando in preda al terrore perché avevano sognato, tutte simultaneamente, che in lontananza fosse esploso un colpo di fucile. Al mattino gli animali uscirono dalle stalle e scoprirono che il pennone dell'alzabandiera era crollato e un olmo in fondo al frutteto era stato strappato dal terreno come un ravanello. Non appena se ne accorsero, un grido disperato si levò dalla gola di ogni animale. Una scena terribile si presentò ai loro occhi. Il mulino era a pezzi.

Tutti insieme si precipitarono sul posto. Napoleon, che raramente si muoveva in modo rapido, fu primo tra tutti. Ebbene sì, il frutto delle loro fatiche era completamente raso al suolo; le pietre che avevano spaccato e trasportato con tanta fatica, sparse ovunque. Dapprima incapaci di parlare, rimasero a fissare tristemente il terreno disseminato di pietre. Napoleon camminava avanti e indietro in silenzio, annusando il terreno di tanto in tanto. Il suo codino era rigido e scattava da un lato all'altro, segno in lui di un'intensa attività mentale. Ad un tratto si fermò come se avesse preso una decisione.

«Compagni», disse lentamente, «sapete chi è responsabile di questo? Sapete chi è il nemico che è venuto di notte e ha distrutto il nostro mulino?».

«SNOWBALL!» ruggì all'improvviso con voce tonante. «È stato Snowball a fare questo! Per pura malvagità, per ostacolare i nostri piani e vendicarsi della sua ignominiosa espulsione, questo traditore è penetrato col favore della notte e ha distrutto il nostro lavoro di quasi un anno. Compagni, qui e ora emetto sentenza di morte contro Snowball. Il titolo di "Animale Eroe di Seconda Classe" e cento mele a chiunque lo consegni alla giustizia. Una misura intera a chi lo catturerà vivo!».

Gli animali furono più che sconvolti nell'apprendere che persino uno come Snowball potesse compiere simili azioni. Ci fu un grido d'indignazione e tutti iniziarono a pensare a come catturare Snowball se mai fosse tornato. Quasi subito furono scoperte delle impronte di maiale sull'erba a poca distanza dalla collinetta. Le tracce si potevano seguire solo per pochi metri, ma sembravano condurre verso un buco nella siepe. Napoleon le annusò a lungo e dichiarò che erano di Snowball. Espresse poi l'opinione che il traditore fosse venuto probabilmente dalla direzione della fattoria di Foxwood.

«Bando agli indugi, compagni!», gridò Napoleon dopo che le orme furono esaminate. «C'è da lavorare. Già da questa mattina cominciamo a ricostruire il mulino e continueremo per tutto l'inverno, che piova o vi sia il sole. Mostreremo a questo miserabile traditore che non può distruggere il nostro lavoro così facilmente. Ricordate, compagni, i nostri piani non cambiano: si dovranno portare a termine nei tempi previsti. Lunga vita al mulino! Lunga vita alla Fattoria degli Animali!».

Capitolo VII

Fu un inverno rigido. Il tempo burrascoso fu seguito da grandine, neve e poi da un forte gelo che cominciò a cedere solo a febbraio inoltrato. Gli animali fecero del loro meglio con la ricostruzione del mulino, ben sapendo che il mondo esterno teneva gli occhi puntati su di loro e che gli invidiosi esseri umani avrebbero esultato trionfalmente se non fosse stato finito in tempo.

Per fare dispetto, gli esseri umani finsero di non credere che fosse stato Snowball a distruggere il mulino: dicevano che era crollato perché i muri erano troppo sottili. Gli animali sapevano che ciò non era vero, tuttavia questa volta era stato deciso di costruire i muri spessi quasi un metro e non la metà come prima, il che significava dover raccogliere una quantità di pietre molto maggiore. La cava fu coperta a lungo dalla neve e non si poté fare nulla. Qualche progresso fu compiuto nel periodo di gelo asciutto che seguì, ma era un lavoro molto duro e gli animali non si sentivano più ottimisti come prima. Avevano sempre freddo e solitamente anche fame. Solo Boxer e Clover non si scoraggiavano mai. Squealer faceva bellissimi discorsi sulla gioia del servizio e sulla dignità del lavoro, ma gli altri animali trovavano più ispirazione nella forza di Boxer e nel suo perenne grido: «Lavorerò di più!».

In gennaio il cibo cominciò a scarseggiare. Le razioni di grano vennero drasticamente ridotte e fu annunciato che in compenso si sarebbero aumentate le razioni di patate. Poi si scoprì che la maggior parte del raccolto di patate si era congelato, non essendo stato coperto a sufficienza durante l'immagazzinamento. I tuberi erano diventati molli e scoloriti, e solo pochi erano ancora commestibili. Per giorni e giorni gli animali non ebbero da mangiare altro che paglia e barbabietole. La fame sembrava fissarli dritti negli occhi.

Era una necessità vitale nascondere questo fatto al mondo esterno. Incoraggiati dal crollo del mulino a vento, gli esseri umani stavano inventando nuove menzogne sulla Fattoria degli Animali. Sparsero nuovamente la voce che gli animali stavano morendo di fame e malattia, che lottavano di continuo tra di loro e che erano ricorsi al cannibalismo e all'infanticidio.

Napoleon era ben cosciente di cosa sarebbe potuto accadere se la realtà della situazione alimentare fosse venuta a galla, e decise di servirsi del signor Whymper per diffondere un'impressione contraria. Fino a quel momento gli animali erano a malapena entrati in contatto col signor Whymper durante le sue visite settimanali: ora, però, un gruppo scelto di animali, formato soprattutto da pecore, era stato istruito affinché, con fare casuale, dicesse in sua presenza che le razioni erano state aumentate. Inoltre, Napoleon ordinò che i contenitori di grano quasi vuoti del magazzino venissero riempiti quasi del tutto coni sabbia, per poi ricoprirla con ciò che restava del grano e della farina. Con un pretesto plausibile, Whymper venne condotto attraverso il magazzino dove ebbe occasione di vedere di sfuggita i recipienti. L'inganno funzionò e l'avvocato continuò a dire al mondo esterno che nella Fattoria degli Animali non c'era affatto scarsezza di cibo.

Tuttavia, verso la fine di gennaio fu evidente che si sarebbe dovuto procurare dell'altro grano da qualche parte. In quei giorni Napoleon compariva raramente in pubblico e passava tutto il tempo nella casa padronale, mentre i cani restavano di guardia a ogni porta con fare minaccioso. E quando emergeva, era sempre in maniera cerimoniale, con appresso una scorta di sei cani che ringhiavano a chiunque si avvicinasse troppo. Spesso non si mostrava nemmeno la domenica mattina, ma comunicava i propri ordini attraverso uno degli altri maiali, solitamente Squealer.

Una domenica mattina Squealer annunciò che le galline, da poco rientrate a deporre le uova, avrebbero dovuto consegnarle. Tramite Whymper, Napoleon aveva accettato un contratto per quattrocento uova settimanali*. Il ricavato avrebbe consentito di comprare grano e farina a sufficienza per sostentare la fattoria fino all'estate, a quando le condizioni sarebbero migliorate.

Nell'udire ciò le galline emisero un tremendo clamore. Erano già state avvertite che questo sacrificio

* Riferimento molto semplificato alla fine del cosiddetto «comunismo di guerra» e al passaggio alla Nep (Nuova politica economica) quando Lenin era ancora in vita. Vi è un'evidente sfasatura cronologica, giustificata dalla finzione letteraria [*n.d.r.*].

sarebbe potuto diventare necessario, ma non pensavano che sarebbe accaduto veramente. Si stavano giusto preparando per la cova primaverile e protestarono dicendo che togliere ora loro le uova sarebbe stato un vero e proprio delitto. Per la prima volta dalla cacciata di Jones accadde qualcosa simile a una ribellione.

Guidate da tre giovani pollastre Black Minorca*, le galline cercarono di opporsi decisamente alla volontà di Napoleon. La loro tattica consisteva nel volare in alto, fino ai travetti, per poi deporre le uova che andavano a rompersi al suolo. Napoleon agì rapidamente e senza pietà. Ordinò che le razioni delle galline venissero sospese e decretò che qualsiasi animale avesse dato loro anche solo un chicco di grano sarebbe stato punito con la morte. I cani garantirono che quegli ordini fossero rispettati. Per cinque giorni le galline resistettero, poi capitolarono e tornarono ai loro nidi. Nove di loro erano morte nel frattempo. I loro corpi furono seppelliti nel frutteto e si disse che erano morte di coccidiosi**. Whymper non seppe nulla dell'affare e le uova furono consegnate regolarmente a un droghiere che passava col suo furgoncino una volta a settimana.

Durante tutto questo tempo, Snowball non si era più visto. Correva voce che si nascondesse in una delle fattorie vicine, Foxwood o Pinchfield. Ora i rapporti di

* Razza di galline originaria di Minorca importata dagli Inglesi nel periodo della loro occupazione dell'isola (1708-1783) [*n.d.r.*].

** Malattia parassitaria molto diffusa tra gli animali domestici, causata da protozoi e sporozoi chiamati «coccidi» [*n.d.r.*].

Napoleon con gli altri proprietari terrieri erano migliori che in precedenza. Si dava il caso che in cortile ci fosse una pila di legname che era stata lasciata lì dieci anni prima, quando era stato abbattuto un boschetto di faggi. Il legno era ben stagionato e Whymper aveva consigliato a Napoleon di venderlo, e sia il signor Pilkington che il signor Fredrick erano ansiosi di comprarlo. Napoleon esitava tra i due, non riuscendo a decidersi. Fu notato che ogni qual volta stava per stringere un accordo con Fredrick, si diceva che Snowball fosse nascosto a Foxwood, mentre quando sembrava protendere verso Pilkington, si diceva che fosse a Pinchfield.

All'inizio della primavera si seppe all'improvviso di un fatto allarmante: di notte Snowball frequentava segretamente la fattoria. Gli animali furono talmente turbati dalla notizia che riuscivano a malapena a prendere sonno nelle loro stalle. Si diceva che, ogni notte, col favore delle tenebre, Snowball si insinuasse nella fattoria per compiere ogni sorta di malvagità. Rubava il grano, rovesciava i secchi di latte, rompeva le uova, calpestava i semenzai, strappava la corteccia degli alberi da frutta. Divenne consuetudine che qualsiasi cosa andasse male, la colpa fosse attribuita a Snowball. Se si rompeva una finestra o s'intasava un tubo di scarico, si poteva essere certi di sentir dire che era stato Snowball a farlo la notte prima; e quando andò perduta la chiave del magazzino, l'intera fattoria fu convinta che Snowball l'avesse gettata nel pozzo. Curiosamente, continuarono a pensarlo anche dopo che la chiave fu rinvenuta sotto un sacco di farina. Le mucche dichiararono all'unanimità che Snowball si era introdotto nelle loro stalle e le aveva munte nel sonno. Anche riguardo ai topi, che avevano dato dei problemi lo scorso inverno, si diceva che fossero in combutta con Snowball.

Napoleon decretò un'investigazione a fondo sulle attività di Snowball. Accompagnato dai suoi cani, uscì a fare un minuzioso giro d'ispezione degli edifici, seguìto a rispettosa distanza dal resto degli animali. Ogni due o tre passi Napoleon si fermava e annusava il terreno in cerca di tracce di Snowball, che diceva saper riconoscere dall'odore. Annusò ogni angolo, nel granaio, nella stalla, nel pollaio, nel giardino, e trovò tracce di Snowball quasi ovunque. Abbassava il grugno a terra, inspirava profondamente e con voce terribile esclamava «Snowball! È stato qui! Lo sento chiaramente!», e a quel nome i cani scoprivano le zanne emettendo ringhi da far gelare il sangue.

Gli animali erano in preda al terrore. Sembrava loro che Snowball fosse una sorta di influenza invisibile sospesa a mezz'aria tra di loro, che li minacciava con ogni genere di pericolo. La sera Squealer li chiamò a raduno e, con un'espressione allarmata stampata sul muso, disse di dover comunicare notizie molto gravi.

«Compagni!», gridò Squealer, saltellando nervosamente. «Si è appena scoperta una cosa terribile. Snowball si è venduto a Frederick della Pinchfield, che in questo preciso momento sta organizzando un attacco contro di noi per toglierci la nostra fattoria! Snowball gli farà da guida al momento dell'attacco. Ma c'è di peggio. Pensavamo che la ribellione di Snowball fosse stata motivata dalla sua vanità e ambizione; ma ci sbagliavamo, compagni. Sapete qual era il vero motivo? Snowball era in combutta con Jones fin dal principio! Era sempre stato il suo agente segreto. Lo dimostrano alcuni documenti da lui lasciati qui che sono stati trovati solo adesso. Per me questo spiega molte cose, compagni. Non abbiamo forse visto con i nostri occhi come ha provato - fortunatamente senza successo - a farci sconfiggere nella Battaglia della Stalla?».

Gli animali erano stupefatti. Questa perfidia superava di gran lunga la distruzione del mulino. Ci volle, però, qualche minuto prima che potessero veramente assimilare la notizia. Tutti ricordavano o pensavano di ricordare di aver visto come Snowball si lanciava alla carica primo fra tutti nella Battaglia della Stalla, come li aveva rianimati e incoraggiati a ogni passo, come non aveva esitato un istante nemmeno quando le pallottole di Jones avevano ferito la sua schiena. Dapprima trovarono difficile capire come tutto ciò potesse conciliarsi con una complicità con Jones. Persino Boxer, che raramente faceva domande, restò perplesso. Si stese, ripiegando le zambe anteriori sotto il corpo, chiuse gli occhi e con un grande sforzo riuscì a formulare i propri pensieri.

«Io non ci credo», disse. «Snowball ha combattuto coraggiosamente nella Battaglia della Stalla. L'ho visto io stesso. Non gli abbiamo forse dato la medaglia di "Animale Eroe di Prima Classe" subito dopo?».

«Quello è stato un nostro errore, compagno, perché ora sappiamo - è tutto scritto nei documenti segreti che abbiamo trovato - che in realtà stava cercando di condurci alla rovina».

«Ma è rimasto ferito», fece Boxer. «L'abbiamo visto tutti sanguinare».

«Quello era parte dell'accordo!» Esclamò Squealer. «Il colpo di Jones l'ha solo sfiorato. Potrei mostrartelo scritto di sua stessa zampa, se tu fossi in grado di leggere. Il piano era che, al momento critico, Snowball desse il segnale della ritirata, lasciando il campo al nemico. E per poco non ci riuscivano. Anzi, *ci sarebbero riusciti* se non fosse stato per il nostro eroico Capo, il compagno Napoleon. Non ricordate come, proprio al momento in cui Jones e i suoi uomini entrarono nel cortile, Snowball si girò e scappò all'improvviso, seguito da molti animali? E non ricordate nemmeno che fu proprio in quel momento che il compagno Napoleon balzò in avanti al grido di "Morte all'Umanità!", e conficcò le zanne nella gamba di Jones? *Questo* certamente lo ricorderete, compagni!», esclamò Squealer, saltellando di qua e di là.

Ora che Squealer aveva descritto la scena in modo così vivido, agli animali parve ricordarla. Ad ogni modo, ricordavano che nel momento culminante della battaglia Snowball si era dato alla fuga. Boxer, però, era ancora un po' inquieto.

«Non penso che Snowball fosse un traditore all'inizio», disse finalmente. «Quello che ha fatto dopo è diverso, ma penso che nella Battaglia della Stalla sia stato un bravo compagno.»

«Il nostro capo, il compagno Napoleon», annunciò Squealer, parlando in modo molto lento e fermo, «ha detto categoricamente - categoricamente, compagno - che Snowball era un agente di Jones fin dal principio, da prima che si pensasse addirittura alla Ribellione».

«Be', allora è diverso!» fece Boxer. «Se lo dice il compagno Napoleon allora dev'essere così».

«Questo è lo spirito giusto, compagno!» esclamò Squealer, ma fu notato che i suoi occhietti luccicanti lanciarono a Boxer uno sguardo molto cattivo. Si voltò per andare, poi fece una pausa e in maniera solenne aggiunse: «Avverto ogni animale della fattoria a tenere gli occhi bene aperti, perché abbiamo ragione di credere che in questo stesso momento agenti di Snowball si nascondano tra di noi!»

Quattro giorni dopo, nel tardo pomeriggio, Napoleon ordinò che tutti gli animali si riunissero nel cortile. Quando furono tutti radunati, Napoleon emerse dalla casa padronale, con al collo entrambe le sue medaglie (giacché di recente aveva conferito a se stesso quella di «Animale Eroe di Prima Classe» e quella di «Animale Eroe di Seconda Classe»), e accompagnato dai suoi suoi nove enormi cani che gli saltellavano intorno producendo ringhi che mandavano brividi lungo le schiene di tutti gli altri animali. Questi si rannicchiarono nei loro posti, quasi presentissero che stava per accadere qualcosa di terribile.

Napoleon, rigido, studiò con sguardo austero l'uditorio e poi lanciò uno strido acuto. I cani si lanciarono immediatamente in avanti, afferrarono quattro dei maiali per le orecchie e li trascinarono, fra gemiti di dolore e paura, ai piedi di Napoleon. Le orecchie dei maiali erano ferite e i cani, che avevano sentito il sapore del sangue, per qualche attimo sembrarono impazziti: fra lo stupore generale, tre di loro si lanciarono su Boxer. Questo li vide arrivare, alzò il grande zoccolo e ne colse uno a mezz'aria, inchiodandolo a terra. Il cane guaì, chiedendo pietà, mentre gli altri due scapparono con la coda fra le zampe. Boxer guardò Napoleon per sapere se doveva schiacciarlo a morte o lasciarlo andare. Napoleon sembrò cambiare di espressione e ordinò aspramente a Boxer di lasciarlo andare, al che il cavallo alzò lo zoccolo e il cane scappò via, ammaccato e ululante.

Presto il tumulto si placò. I quattro maiali aspettavano, tremanti, con la colpa scritta in ogni linea del muso. Napoleon chiese di confessare i loro crimini. Si trattava degli stessi quattro maiali che avevano protestato quando Napoleon aveva abolito gli Incontri del sabato. Senza ulteriori sollecitazioni confessarono di essere stati segretamente in contatto con Snowball fin dai tempi della sua espulsione, di aver collaborato con lui alla distruzione del mulino a vento e di essersi accordati con lui per consegnare la Fattoria degli Animali al signor Fredrick. Aggiunsero che, in privato, Snowball aveva ammesso di fronte a loro di essere stato un agente di Jones per anni. Quando ebbero ultimato le confessioni, i maiali vennero prontamente sgozzati dai cani*. Con voce terribile Napoleon chiese se qualche altro animale avesse qualcosa da confessare.

Le tre galline che avevano capeggiato il tentativo di ribellione contro la requisizione delle uova si fecero ora avanti e affermarono che Snowball era comparso loro in sogno e le aveva incitate a disobbedire gli ordini di Napoleon. Anch'esse furono massacrate. Poi si fece avanti un'oca che confessò di aver sottratto sei pannocchie durante il raccolto dello scorso anno e di averle mangiate durante la notte. Poi una pecora confessò di aver urinato, sollecitata da Snowball, nello stagno dove gli animali si abbeveravano; altre due pecore confessarono di aver ucciso un vecchio ariete, devoto seguace di Napoleon, rincorrendolo a lungo intorno a un falò quando questo soffriva di tosse. Furono tutti massacrati sul posto. E fu così che la storia delle confessioni ed esecuzioni continuò finché ai piedi di Napoleon si formò una pila di cadaveri. L'aria era impregnata dall'odore del sangue, come non si era più sentito dal giorno della cacciata di Jones.

Quando tutto ebbe fine, gli animali restanti, ad eccezione dei maiali e dei cani, si ritirarono insieme lentamente. Erano scossi e abbattuti. Non sapevano cosa fosse più sconvolgente, se il tradimento degli animali che si erano alleati con Snowball o la crudele punizione alla quale avevano appena assistito. Nel passato c'erano

* Sintetica e simbolica raffigurazione narrativa di come si svolsero i famigerati «Processi di Mosca» tra il 1936 e il 1938 [*n.d.r.*].

state spesso scene di sangue ugualmente terribili, ma il fatto che ora succedesse tra loro faceva sembrare la cosa molto peggiore. Da quando Jones aveva lasciato la fattoria nessun animale ne aveva mai ucciso un altro, nemmeno un topo. Si avviarono verso la collinetta sulla quale sorgeva il mulino costruito per metà e, come di comun accordo, si strinsero per terra gli uni agli altri, quasi volessero riscaldarsi a vicenda. Clover, Muriel, Benjamin, le mucche, le pecore e tutto un gruppo di oche e galline; c'erano proprio tutti, ad eccezione della gatta che era scomparsa improvvisamente, poco prima che Napoleon ordinasse agli animali di radunarsi.

Per qualche tempo nessuno fece parola. Solo Boxer restava in piedi. Si agitava di continuo avanti e indietro, scuotendo la lunga coda nera ed emettendo ogni tanto un nitrito prodotto da stupore. Infine disse:

«Non lo capisco. Non avrei mai pensato che cose simili potessero accadere nella nostra fattoria. Dev'essere per qualche nostra mancanza. Per come la vedo io, la soluzione è lavorare di più. D'ora in poi al mattino mi sveglierò un'ora esatta prima degli altri».

Detto questo, si avviò verso la cava col suo pesante trotto. Lì giunto, fece due carichi di pietra e li trascinò fino al mulino prima di ritirarsi per la notte.

Gli animali, stretti attorno a Clover, non parlavano. La collinetta sulla quale erano sdraiati offriva loro un buon punto di osservazione sulla campagna circostante, compresa gran parte della Fattoria degli Animali: i lunghi pascoli, che si stendevano fino alla strada principale, il campo di fieno, il boschetto, lo stagno, i campi arati dove il grano cresceva folto e verde, e i tetti rossi degli edifici dai cui camini si alzava il fumo. Era una limpida serata primaverile. L'erba e le siepi folte erano coronate d'oro dai raggi del sole al tramonto. Mai la fattoria (e con una sorta di sorpresa ricordarono che apparteneva loro, che ogni singolo palmo di terra era loro proprietà) era sembrata un posto così desiderabile. E mentre lo sguardo di Clover seguiva il pendio della collina, gli occhi le si riempirono di lacrime. Se avesse saputo dar voce ai suoi pensieri, avrebbe detto che non era questo ciò a cui miravano quando anni prima si erano messi all'opera per rovesciare la razza umana. Non erano scene di terrore e massacro come queste ciò che avevano sognato la notte in cui il Vecchio Maggiore aveva piantato in loro il seme della ribellione. Se lei stessa avesse avuto in mente un'immagine del futuro, sarebbe stato di una società di animali libera dalla fame e dalla frusta, in cui tutti gli animali fossero uguali e ognuno lavorasse a seconda della propria capacità; in cui i forti proteggessero i deboli, così come lei aveva protetto con la sua zampa la nidiata di anatroccoli sperduti la notte del discorso del Maggiore. Invece, non sapeva come, erano arrivati tempi in cui nessuno osava più esprimere i propri pensieri, in cui cani feroci vagavano dappertutto e in cui dovevi assistere a come i tuoi stessi compagni venivano fatti a pezzi dopo aver confessato crimini orribili. Non c'era nei suoi pensieri alcuna traccia di ribellione o disobbedienza. Sapeva che, anche nello stato attuale delle cose, la loro vita era molto migliore rispetto ai tempi di Jones, e che più di ogni cosa bisognava prevenire il ritorno degli esseri umani. Qualsiasi cosa fosse accaduta, lei sarebbe rimasta fedele, avrebbe lavorato duramente, avrebbe eseguito gli ordini ricevuti e accettato il comando di Napoleon. Eppure non era per questo che lei e gli altri animali avevano lottato, non era in questo che avevano sperato. Non era per questo che avevano eretto il mulino e sfidato il piombo di Jones. Erano questi i suoi pensieri, sebbene le mancassero le parole per esprimerli.

Infine prese a cantare *Bestie d'Inghilterra*, pensando che ciò potesse in qualche modo sostituire le parole che non era stata in grado di esprimere. Gli altri animali si unirono a lei e lo cantarono tre volte di fila, molto intonati, ma in modo lento e triste, come non lo avevano mai fatto prima.

Avevano appena finito di cantarlo per la terza volta, quando Squealer, accompagnato da due cani, si avvicinò a loro con l'aria di avere qualcosa di importante da dire. Egli annunciò che, con decreto speciale del Compagno Napoleon, *Bestie d'Inghilterra* era stato abolito e d'ora in poi sarebbe stato proibito cantarlo*.

* Chiaro riferimento all'abolizione da parte di Stalin dell'*Internazionale,* adottata nel 1922 in Urss come inno nazionale, e alla sua sostituzione a marzo del 1943 con il patriottico *Inno dell'Unione sovietica*. Questo resterà in vigore (con alterne inclusioni e omissioni del nome di Stalin) fino al 1991 [*n.d.r.*].

Gli animali rimasero allibiti.

«Perché?», gridò Muriel.

«Non è più necessario, compagna», disse Squealer con tono rigido. «*Bestie d'Inghilterra* era l'inno della Ribellione, ma essa ora si è compiuta. L'esecuzione dei traditori di questo pomeriggio ne è stato l'atto finale. Sia il nemico esterno che quello interno sono stati sconfitti. Con *Bestie d'Inghilterra* esprimevamo il nostro desiderio per una futura società migliore, ma ora tale società è stata fondata. Chiaramente questo inno non ha più alcuno scopo».

Pur essendo spaventati, alcuni degli animali avrebbero forse protestato, se in quel momento le pecore non avessero cominciato a belare il loro solito «Quattro zampe buono, due zampe cattivo», che si protrasse per vari minuti e pose termine alla discussione.

Fu così che *Bestie d'Inghilterra* non si udì più. Al suo posto il poeta Minimus aveva composto un altro inno che cominciava così:

Animal Farm, Animal farm
Never through me shalt thou come to harm

[Fattoria degli Animali, Fattoria degli Animali/
mai per causa mia avrai da patir mali]

L'inno veniva cantato ogni domenica mattina dopo l'alzabandiera. Per un qualche motivo, però, né le parole né la melodia sembrarono mai all'altezza di *Bestie d'Inghilterra*.

Capitolo VIII

Qualche giorno dopo, quando il terrore delle esecuzioni si fu attenuato, alcuni degli animali ricordarono, o pensarono di ricordare, che il Sesto Comandamento decretasse: «Nessun animale ucciderà un altro animale». E benché nessuno di loro tenesse a farsi sentire dai maiali o dai cani, avevano l'impressione che le uccisioni che c'erano state non quadrassero con questo principio. Clover chiese a Benjamin di leggerle il Sesto Comandamento e quando questo rifiutò, come suo solito, di immischiarsi in tali faccende, andò a cercare Muriel. Questa glielo lesse. Il Comandamento recitava: «Nessun animale ucciderà un altro animale *senza motivo*». Per qualche ragione le ultime due parole sembravano essere sparite dalla memoria degli animali. Ora, però, vedevano chiaramente che il Comandamento non era stato infranto, giacché vi era buona ragione per uccidere i traditori che si erano alleati con Snowball.

Quell'anno gli animali lavorarono ancor più duramente di quanto avessero fatto l'anno precedente. Ricostruire il mulino con muri di spessore doppio e finirlo entro il tempo previsto, oltre che occuparsi del regolare lavoro della fattoria, richiese uno sforzo tremendo.

Ci furono periodi in cui agli animali parve che il lavoro fosse aumentato dai tempi di Jones e che il cibo fosse rimasto ugualmente scarso. La domenica mattina, tenendo ferma con lo zoccolo una lunga striscia di carta, Squealer recitava liste di numeri che dimostravano come la produzione di ogni tipo di generi alimentari fosse incrementata del duecento, del trecento o del cinquecento per cento, a seconda dei casi. Gli animali non vedevano ragione per dubitare di lui, specie perché non ricordavano più bene come le condizioni fossero state prima della Ribellione, ma ciò nonostante vi erano giorni in cui avrebbero preferito avere meno cifre e più cibo.

Tutti gli ordini venivano ora trasmessi per mezzo di Squealer o uno degli altri maiali, e Napoleon non si mostrava in pubblico se non due volte al mese. Quando compariva, era sempre accompagnato non solo dalla sua scorta di cani, ma anche da un galletto nero che marciava di fronte a lui e, come una sorta di trombettiere, emetteva un alto «Chicchirichì», prima che Napoleon iniziasse a parlare. Si diceva che persino nella casa padronale Napoleon avesse stanze separate dagli altri. Prendeva i pasti da solo, servito da due cani, e mangiava sempre dal servizio da tavola Royal Crown Derby* che si trovava nella cristalliera del salotto. Venne poi annunciato che il fucile avrebbe sparato ogni

* La Royal Crown Derby Porcelain Company è il nome dato dalla regina Vittoria nel 1890 alla Crown Derby - una celebre fabbrica di porcellana di alta qualità con sede a Derby, in Inghilterra. L'azienda produce servizi da tavola e oggettistica dal 1750 circa [*n.d.r.*].

anno in occasione del giorno di nascita di Napoleon, oltre che per gli altri due anniversari.

Nessuno ormai chiamava più Napoleon semplicemente con il suo nome, ma, in modo formale, come «il nostro Capo, il Compagno Napoleon». Ai maiali piaceva inventare per lui titoli come *Padre di Tutti gli Animali, Terrore dell'Umanità, Protettore degli Ovili, Amico degli Anatroccoli*, e simili. Nei suoi discorsi, con le lacrime che gli scorrevano lungo le guance, Squealer parlava della saggezza di Napoleon, della bontà del suo cuore e del profondo amore che nutriva per tutti gli animali, specie quelli infelici che vivevano ancora nell'ignoranza e in schiavitù nelle altre fattorie. Era diventato consueto attribuire a Napoleon qualsiasi conquista o colpo di fortuna. Si poteva sentire spesso una gallina dire a un'altra «Sotto la guida del nostro Capo, il compagno Napoleon, ho fatto cinque uova in sei giorni» oppure due mucche esclamare mentre si abbeveravano allo stagno «quanto è buona quest'acqua, grazie al comando del Compagno Napoleon!». Il sentimento generale della fattoria fu bene espresso in una poesia scritta da Minimus. Si intitolava *Compagno Napoleon* e così recitava:

Friend of fatherless!
Fountain of happiness!
Lord of the swill-bucket! Oh, how my soul is on
fire when I gaze at thy
calm and commanding eye,
like the sun in the sky,
Comrade Napoleon!

Thou are the giver of
all that thy creatures love,
full belly twice a day, clean straw to roll upon;
every beast great or small
sleeps at peace in his stall,
thou watchest over all,
Comrade Napoleon!

Had I a sucking-pig,
ere he had grown as big
even as a pint bottle or as a rolling-pin,
he should have learned to be
faithful and true to thee;
yes, his first squeak should be
«Comrade Napoleon!»

[Amico degli orfani!/ Sorgente di felicità!/ Signore della mangiatoia! Oh, come il mio animo/ s'incendia quando poso lo sguardo sul vostro/ occhio calmo e maestoso,/ come il sole nel cielo,/ Compagno Napoleon!// Voi siete il prodigatore di/ tutto ciò che le vostre creature amano,/ pancia piena due volte al giorno, paglia pulita su cui rotolarsi;/ ogni bestia grande o piccola/ dorme in pace nella sua stalla,/ voi vegliate su tutti,/ Compagno Napoleon!// Se avessi un maialino poppante,/ prima di diventare grande/ come una bottiglia da una pinta o un mattarello,/ avrebbe imparato ad essere/ leale e fedele a voi;/ sì, il suo primo vagito sarebbe/ "Compagno Napoleon!"//]

Napoleon approvò questa poesia e la fece copiare sul muro del granaio principale, al lato opposto rispetto ai Sette Comandamenti. Il testo era sormontato da un ritratto di Napoleon di profilo, realizzato da Squealer con la vernice bianca.

Frattanto, con la mediazione di Whymper, Napoleon aveva avviato complicate trattative con Frederick e

Pilkington. La catasta di legname era rimasta invenduta. Dei due, Frederick era il più impaziente d'impossessarsene, ma non offriva un prezzo ragionevole. Inoltre correva nuovamente voce che lui e i suoi uomini tramassero per attaccare la Fattoria degli Animali e distruggere il mulino a vento, la cui costruzione aveva suscitato in lui una gelosia furiosa. Si sapeva poi che Snowball era ancora nascosto a Pinchfield. A metà dell'estate gli animali appresero con allarme che tre galline si erano fatte avanti e avevano confessato che, ispirate da Snowball, si erano unite a un complotto per uccidere Napoleon. Furono subito giustiziate e vennero adottate nuove precauzioni per garantire la sicurezza di Napoleon. Quattro cani, uno a ogni angolo della lettiera, vegliavano su di lui durante la notte, e un maialino di nome Pinkeye [Occhiorosa] aveva il compito di assaggiare ogni pietanza prima di lui, nel caso fossero avvelenate.

In quello stesso periodo si seppe che Napoleon aveva deciso di vendere il legname al signor Pilkington; inoltre, aveva deciso che la Fattoria degli Animali e Foxwood praticassero lo scambio regolare di certi prodotti. I rapporti tra Napoleon e Pilkington, sebbene avvenissero sempre per mezzo di Whymper, potevano ora dirsi quasi amichevoli. Gli animali non si fidavano di Pilkington, ma lo preferivano di gran lunga a Frederick, che temevano e odiavano. Con l'avanzare dell'estate, e il mulino in fase di completamento, le voci di un imminente e sleale attacco si fecero sempre più forti. Si diceva che Frederick intendesse portare con sé venti uomini, tutti armati di fucili, e che avesse già comprato i magistrati e la polizia, di modo che se fosse riuscito a ottenere gli atti di proprietà della Fattoria degli Animali nessuno avrebbe fatto domande. Inoltre circolavano storie terribili a proposito delle crudeltà che Frederick infliggeva ai suoi animali: aveva fustigato un vecchio cavallo a morte, affamava le mucche, aveva ucciso un cane gettandolo nella fornace e le sere si divertiva facendo lottare i galli con schegge di lamette legate alle zampe. Nell'udire cosa veniva fatto ai loro compagni, gli animali sentivano ribollire il sangue nelle vene e più di una volta chiesero di poter andare in massa all'attacco della Fattoria Pinchfield, scacciare gli umani e liberare gli animali. Squealer, però, consigliò loro di evitare decisioni avventate e di riporre fiducia nella strategia del compagno Napoleon.

L'animosità nei confronti di Frederick restava tuttavia molto forte. Una domenica mattina, Napoleon si presentò nel granaio e spiegò che in realtà non aveva mai pensato di vendere la catasta di legname a Frederick; considerava al di sotto della propria dignità, disse, fare affari con canaglie del genere. Ai piccioni tuttora incaricati di spargere la voce della Ribellione venne proibito di mettere piede su Foxwood e fu anche ordinato loro di abbandonare il vecchio slogan di «Morte all'Umanità», a favore di «Morte a Frederick». Verso la fine dell'estate venne rivelata l'ennesima macchinazione di Snowball. I campi di grano erano pieni di erbacce e si scoprì che in una delle sue visite notturne il traditore aveva mescolato semi di malerbe a quelli di grano. Un papero che era stato coinvolto nel complotto confessò la propria colpevolezza a Squealer e subito dopo si tolse la vita ingoiando bacche letali di belladonna. Gli animali appresero anche che Snowball non aveva mai ricevuto, come molti di loro pensavano, l'ordine di «Animale Eroe di Prima Classe». Si trattava solo di una leggenda diffusa dallo stesso Snowball qualche tempo dopo la Battaglia della Stalla. Lungi dall'essere decorato, egli era stato censurato per aver dato mostra di vigliaccheria nel corso della battaglia stessa. Di nuovo alcuni degli animali rimasero alquanto perplessi dalla notizia, ma presto Squealer seppe convincerli che la loro memoria li aveva tratti in inganno.

In autunno, con uno sforzo tremendo ed estenuante - giacché quasi contemporaneamente si dovette procedere con il raccolto - il mulino a vento fu completato. Dovevano ancora installarsi i macchinari, di cui Squealer stava negoziando l'acquisto, ma la struttura era ultimata. A dispetto di ogni difficoltà, malgrado l'inesperienza, i mezzi primitivi, la sfortuna e il tradimento di Snowball, i lavori erano stati portati a termine precisamente nel tempo che avevano stabilito! Sfiniti ma orgogliosi, gli animali continuavano a girare intorno al loro capolavoro, che appariva ai loro occhi ancora più bello di quanto fosse stato la prima volta che l'avevano costruito. In più, ora i muri erano due volte più spessi di prima. Niente all'infuori di esplosivi avrebbe potuto abbatterli questa volta! E quando pensarono a quanto avevano faticato, ai momenti di sconforto che avevano dovuto superare e all'enorme differenza che si sarebbe prodotta nella loro vita il giorno in cui le pale avessero cominciato a ruotare e le dinamo a funzionare - quando pensarono tutto questo la loro stanchezza scomparve e presero a fare capriole intorno al mulino, lanciando grida di trionfo. Lo stesso Napoleon, accompagnato dai cani e dal galletto, venne a ispezionare la costruzione ultimata. Si congratulò con gli animali per la loro impresa e annunciò che lo si sarebbe chiamato Mulino Napoleon.

Due giorni dopo, gli animali furono convocati nel granaio per un'assemblea straordinaria. Quando Napoleon annunciò di aver venduto il legname a Frederick gli animali ammutolirono dalla sorpresa. L'indomani dovevano arrivare i carri da Pinchfield per cominciare a portarlo via. La verità era che, per tutto il periodo della sua apparente amicizia con Pilkington, Napoleon era stato segretamente d'accordo con Frederick.

Ogni genere di relazione con Foxwood era stata interrotta e messaggi ingiuriosi erano stati inviati a Pilkington. Ai piccioni [che diffondevano la propaganda rivoluzionaria (*n.d.r.*)] fu detto di evitare Pinchfield e di cambiare lo slogan da «Morte a Frederick» a «Morte a Pilkington». Allo stesso tempo Napoleon assicurò gli animali che le storie dell'imminente attacco sulla loro fattoria erano completamente false e che le voci sulla crudeltà di Frederick verso i propri animali erano state molto esagerate. Con ogni probabilità, tutte quelle dicerie erano state sparse da Snowball e dai suoi agenti. Ora, infatti, non sembrava più che Snowball fosse nascosto a Pinchfield o che vi avesse mai messo piede: viveva a Foxwood - abbastanza lussuosamente a quanto si diceva - ed era infatti al soldo di Pilkington da anni.

I maiali erano estasiati dall'astuzia di Napoleon. Facendo finta di essere amico di Pilkington, aveva forzato Frederick ad alzare il suo prezzo di dodici sterline. Ma la qualità superiore della mente di Napoleon era dimostrata, disse Squealer, dal fatto che non si fidava di nessuno, nemmeno di Frederick. Questi, infatti, aveva provato a pagare per mezzo di una certa cosa chiamata «assegno» che, a quanto risultò, era un pezzo di carta recante una promessa di pagamento. Napoleon, però, era troppo astuto per Frederick e aveva preteso che il pagamento avvenisse in vere banconote da cinque sterline, che andavano consegnate prima che il legname fosse trasportato. Frederick aveva già pagato e la somma era proprio quella che serviva ad acquistare i macchinari per il mulino.

Intanto i carri avevano iniziato a spostare il legname a grande velocità. A trasporto ultimato venne convocata un'altra assemblea straordinaria nel granaio, perché gli animali potessero esaminare le banconote. Sorridendo beatamente e indossando entrambe le sue decorazioni, Napoleon era adagiato in una lettiera di paglia sopra la piattaforma e al suo lato, ordinatamente accatastate su di un piatto di porcellana, si trovavano le banconote. In fila, gli animali avanzarono lentamente e ognuno poté osservarle a sazietà. Quando Boxer vi abbassò la testa, i sottili biglietti bianchi ondeggiarono e frusciarono sotto il suo fiato.

Tre giorni dopo scoppiò il pandemonio. Whymper, pallido come uno straccio, arrivò pedalando in fretta e furia lungo il sentiero con la sua bicicletta, la lasciò cadere nel cortile e si precipitò nella casa padronale. Un momento dopo, dalle stanze di Napoleon giunse un un ruggito strozzato di rabbia. La notizia si diffuse in un lampo: le banconote erano contraffatte! Frederick si era preso il legname in cambio di nulla!

Napoleon fece riunire immediatamente gli animali e, con voce terribile, pronunciò la sentenza di morte contro Frederick. Una volta catturato, disse, sarebbe stato bollito vivo. Avvertì anche che dopo un simile atto di slealtà bisognava aspettarsi il peggio: Frederick e i suoi uomini avrebbero potuto sferrare l'attacco lungamente atteso ad ogni momento. Furono poste sentinelle a guardia di ogni entrata della fattoria. Vennero poi inviati quattro piccioni a Foxwood recando un messaggio conciliatorio, nella speranza di riallacciare le buone relazioni con Pilkington.

L'attacco arrivò proprio il mattino seguente*. Gli animali stavano facendo colazione quando le sentinelle arrivarono in fretta e furia annunciando che Frederick e i suoi uomini avevano già oltrepassato il cancello principale. Gli animali uscirono coraggiosamente loro incontro, ma questa volta non ebbero la facile vittoria

* Riferimento all'attacco all'Urss da parte del vecchio alleato Hitler, detto «operazione Barbarossa»: 22 giugno 1941 [*n.d.r.*].

della Battaglia della Stalla. C'erano quindici uomini con una mezza dozzina di fucili, che aprirono il fuoco prima ancora di arrivare a cinquanta metri di distanza. Gli animali non poterono far fronte ai terribili spari e alle micidiali pallottole e, malgrado gli sforzi di Napoleon e Boxer per incoraggiarli, presto furono respinti. Vari di loro erano già feriti. Si rifugiarono negli edifici dove restarono a sbirciare cautamente attraverso fessure e buchi nel legno. L'intero pascolo, compreso il mulino a vento, era nelle mani del nemico. Per il momento sembrava che Napoleon non sapesse che fare. Camminava avanti e indietro senza dire una parola, con la coda rigida e contratta.

Sguardi ansiosi venivano lanciati in direzione di Foxwood. Se Pilkington e i suoi uomini fossero venuti in soccorso forse la battaglia si sarebbe potuto ancora vincere. In quel momento, però, i quattro piccioni inviati il giorno prima fecero ritorno, portando un frammento di carta da parte di Pilkington. Su di esso, a matita, erano scritte le parole: «Ben vi sta».

Nel frattempo Frederick e i suoi uomini si erano fermati ai piedi del mulino. Mentre gli animali li guardavano, un mormorio di sgomento si diffuse tra loro. Due degli uomini avevano tirato fuori un palanchino e una mazza: si accingevano ad abbattere il mulino.

«Impossibile!» gridò Napoleon. «Abbiamo costruito i muri troppo spessi perché riescano ad abbatterli; nemmeno in una settimana ce la farebbero. Coraggio, compagni!»

Ma Benjamin stava osservando i movimenti degli uomini molto attentamente. I due con la mazza e il palanchino stavano praticando un foro alla base del mulino. Lentamente, con un'aria quasi divertita, Benjamin annuì col suo lungo muso.

«Come pensavo», disse. «Non vedete quello che stanno facendo? Tra qualche momento inizieranno a riempire quel foro di polvere esplosiva».

Terrorizzati, gli animali restarono in attesa. Era ormai impossibile avventurarsi fuori dal riparo degli edifici. Dopo qualche minuto videro gli uomini correre via in ogni direzione. Poi ci fu un rombo assordante. I piccioni vorticarono nell'aria e tutti gli animali, tranne Napoleon, si gettarono pancia a terra, riparandosi il muso. Quando si rialzarono, lì dove un tempo si ergeva il mulino videro, sospesa, un'enorme nube di fumo nero. Lentamente il fumo si dissolse nella brezza. Il mulino aveva cessato di esistere!

A quella vista, gli animali ritrovarono il loro coraggio. La paura e la disperazione di poco prima erano state sopraffatte dalla furia per questo vile, spregevole atto. Si levò un potente grido di vendetta e, senza attendere ordini, caricarono in massa verso il nemico. Questa volta non fecero caso alle crudeli pallottole che si abbattevano su di loro come grandine. Fu una battaglia selvaggia e amara. Gli uomini sparavano ancora e ancora, e quando si arrivò al corpo a corpo fecero ricorso ai bastoni e ai loro pesanti stivali. Una mucca, tre pecore e due oche furono uccise, e quasi tutti furono feriti. Persino

Napoleon, che dirigeva l'operazione dal retro, venne raggiunto da una pallottola sulla punta della coda. Nemmeno gli uomini, però, restarono incolumi. Tre di loro ebbero la testa fratturata dagli zoccoli di Boxer; un altro era stato infilzato nell'addome dal corno di una mucca; a un altro ancora Jessie e Bluebell avevano quasi strappato i pantaloni di dosso. E quando i nove cani della guardia personale di Napoleon, ai quali questi aveva detto di aggirare il nemico al riparo della siepe, saltarono improvvisamente fuori alle loro spalle abbaiando ferocemente, gli uomini si fecero prendere dal panico. Si resero conto che rischiavano di essere accerchiati. Frederick gridò ai suoi uomini di battere in ritirata finché erano ancora in tempo e un momento dopo il nemico se la stava dando a gambe levate. Gli animali li rincorsero sino in fondo al campo e riuscirono ad assestare qualche ultimo calcio mentre gli umani si aprivano a forza un passaggio attraverso i cespugli spinosi.

Avevano vinto, ma erano sfiniti e sanguinanti. Lentamente iniziarono a trascinarsi verso la fattoria. La vista dei loro compagni morti stesi sull'erba portò alcuni di loro alle lacrime. E per qualche minuto di triste silenzio gli animali si fermarono nel punto dove si ergeva un tempo il mulino. Sì, era sparito: non restava quasi traccia del loro lavoro! Persino le fondamenta erano parzialmente distrutte. E questa volta non sarebbe più stato possibile riutilizzare le pietre crollate come prima, perché ora anch'esse erano sparite. La forza dell'esplosione le aveva scaraventate a centinaia di metri di distanza. Era come se il mulino non fosse mai esistito.

Mentre si avvicinavano alla fattoria, Squealer, che era stato inspiegabilmente assente durante la lotta, venne loro incontro saltellando, agitando il codino e raggiante di soddisfazione. Dalla direzione degli edifici gli animali sentirono il rimbombo solenne di un fucile.

«Perché quello sparo?» chiese Boxer.

«Per celebrare la nostra vittoria!», esclamò Squealer.

«Quale vittoria?» disse Boxer. Gli sanguinavano lei ginocchi, aveva perso un ferro, si era spezzato un zoccolo e una mezza dozzina di pallottole gli si erano conficcate nella zampa posteriore.

«Come sarebbe "quale vittoria", compagno!? Non abbiamo forse scacciato il nemico dalla nostra terra, dalla sacra terra della Fattoria degli Animali?»

«Ma hanno distrutto il mulino. Era da due anni che ci lavoravamo!».

«Cosa importa? Ne costruiremo un altro, di mulino. Ne costruiremo sei se ne avremo voglia. Tu non ti rendi conto, compagno, della cosa grande che abbiamo fatto. Il nemico aveva occupato questa stessa terra che abbiamo sotto i piedi. E ora, grazie al comando del Compagno Napoleon, ne abbiamo riconquistato ogni singolo centimetro!».

«Allora ci siamo ripresi quello che avevamo prima», fece Boxer.

«In questo sta la nostra vittoria», disse Squealer.

Zoppicarono verso il cortile. Le pallottole sotto la pelle provocavano a Boxer terribili fitte di dolore alla zampa. Vedeva di fronte a sé il lungo lavoro che sarebbe stato necessario per ricostruire il mulino dalle fondamenta, e già si preparava mentalmente al faticoso compito. Ma, per la prima volta si rese conto che aveva undici anni e che forse i suoi possenti muscoli non erano più quelli di una volta.

Tuttavia, quando gli animali videro sventolare la bandiera verde e sentirono il fucile sparare nuovamente (ci furono sette spari in tutto), quando sentirono il discorso di Napoleon che si congratulò con loro per la condotta che avevano tenuto, agli animali parve veramente di aver conseguito una grande vittoria. Quelli di loro che erano caduti in battaglia ricevettero degna sepoltura. Boxer e Clover trascinarono un carro funebre improvvisato e Napoleon marciò alla testa del corteo. Le celebrazioni si protrassero per due interi giorni. Ci furono canti, discorsi e altri colpi di fucile; inoltre, come dono speciale, ogni animale ricevette una mela, con cinquanta grammi di grano per ogni uccello e tre biscotti per ogni cane. Venne annunciato che la battaglia si sarebbe chiamata Battaglia del Mulino e che Napoleon aveva creato una nuova decorazione, l'Ordine dello Stendardo Verde, che aveva conferito a se stesso. Nel generale clima di festeggiamento la sfortunata vicenda delle banconote venne dimenticata.

Fu alcuni giorni dopo che, in una della cantine della casa padronale, i maiali trovarono una cassa di whisky, fino ad allora passata inosservata. Quella notte si udirono provenire dalla casa canti a voce molto alta, ai quali, con sorpresa di tutti, erano mescolate note di *Bestie d'Inghilterra*. Verso le nove e mezza Napoleon, con in testa una vecchia bombetta del signor Jones, fu chiaramente visto uscire dalla porta sul retro per poi galoppare rapidamente intorno al cortile e sparire nuovamente nella casa. Al mattino, però, sulla casa padronale regnava un profondo silenzio. Non un solo maiale sembrava essere sveglio. Erano quasi le nove quando comparve Squealer, camminando con aria abbattuta e il passo lento, con gli occhi spenti e il codino floscio: aveva tutta l'aria di essere gravemente malato. Chiamò gli animali a raduno e disse loro di avere da comunicare una notizia terribile. Il compagno Napoleon era in fin di vita!

Si alzò un grido di dolore. Venne disposta paglia accanto alle porte della casa padronale e gli animali camminavano in punta di piedi. Con gli occhi pieni di lacrime, si domandavano come avrebbero fatto senza il loro Capo. Girava la voce che Snowball avesse dopotutto escogitato un modo per introdurre veleno nel cibo di Napoleon. Alle undici Squealer uscì per fare un altro annuncio. Come suo ultimo atto terreno, Napoleon aveva pronunciato un solenne decreto: il consumo di alcolici sarebbe stato punito con la morte.

Verso sera, però, Napoleon sembrò sentirsi meglio e al mattino successivo Squealer fece loro sapere che era in via di guarigione. La sera stessa Napoleon era tornato al lavoro e si venne a sapere che il giorno successivo aveva dato istruzioni a Squealer di comperare a Willingdon alcuni libri sulla produzione della birra e sulla distillazione. Una settimana dopo Napoleon ordinò che il piccolo recinto oltre il frutteto, precedentemente destinato al pascolo degli animali in pensione, venisse arato. Si disse che il pascolo era esaurito e che sarebbe stato necessario riseminarlo; ma presto si scoprì che Napoleon intendeva coltivarlo a orzo.

In quel periodo ebbe luogo un strano incidente che quasi nessuno seppe spiegarsi. Intorno a mezzanotte si udì un gran fracasso provenire dal cortile e gli animali accorsero fuori dalle loro stalle. Al chiaro di luna, esaminarono la scena. Ai piedi del muro anteriore del granaio, dov'erano scritti i Sette Comandamenti, si trovava una scala spezzata a metà. Accanto a essa, temporaneamente stordito, giaceva Squealer, zampe all'aria, con accanto una lanterna, un pennello e un secchio di vernice rovesciato. I cani formarono immediatamente un cerchio attorno a Squealer e lo scortarono alla casa padronale non appena fu in grado di camminare. Nessuno degli animali riuscì a cogliere il significato di questa scena, tranne il vecchio Benjamin, che annuì col l'aria di chi la sa lunga, ma non aprì bocca.

Qualche giorno dopo, però, mentre Muriel leggeva i Sette Comandamenti a se stessa, notò che ce n'era ancora un altro che gli animali ricordavano male. Avevano creduto che il Quinto Comandamento fosse «Nessun animale berrà alcolici», ma vi erano due parole che si erano dimenticati. In realtà il Comandamento recitava: «Nessun animale berrà alcolici *in eccesso*».

Capitolo IX

Passò molto tempo prima che lo zoccolo spaccato di Boxer guarisse. Avevano cominciato a ricostruire il mulino il giorno dopo la fine delle celebrazioni per la vittoria e il cavallo rifiutò di prendersi anche un solo giorno di riposo, facendo un punto di onore di non mostrare quanto soffrisse. Di sera confessava privatamente a Clover che lo zoccolo gli dava molto fastidio, e lei glielo medicava con impiastri di erbe che essa stessa preparava masticandole. Sia lei che Benjamin insistevano perché Boxer lavorasse di meno. «I polmoni di un cavallo non durano per sempre», gli diceva, ma lui non ne voleva sapere. Rispondeva di avere ormai un'unica vera ambizione: vedere la costruzione del mulino arrivata a buon punto prima di raggiungere l'età della pensione.

I primi tempi, quando erano state formulate inizialmente le leggi della Fattoria degli Animali, l'età del ritiro per la pensione era stata fissata a dodici anni per i cavalli e i maiali, a quattordici per le mucche, a nove per i cani, a sette per le pecore e a cinque per oche e galline. Erano stati stabiliti degli importi generosi per le pensioni di vecchiaia. Nessun animale ne aveva ancora usufruito, ma ultimamente l'argomento era diventato sempre più comune oggetto di discussione. Ora che il piccolo campo oltre il frutteto era stato riservato per la coltivazione dell'orzo, girava voce che un angolo del grande pascolo sarebbe stato recintato e messo a disposizione degli animali in età avanzata. Per un cavallo, si diceva, la pensione sarebbe stata di due chili di grano al giorno e sette chili di fieno durante l'inverno, con l'aggiunta di una carota o magari di una mela nei giorni di festa. Boxer avrebbe compiuto i dodici anni l'anno seguente, a fine estate.

Nel frattempo la vita era dura. L'inverno fu freddo come quello precedente e il cibo ancora più scarso. Le razioni furono nuovamente ridotte, eccetto quelle dei maiali e dei cani. Un'eccessiva uguaglianza nelle razioni, spiegò Squealer, sarebbe stata contraria ai princìpi del Animalismo. Non ebbe comunque alcuna difficoltà nel dimostrare agli altri animali che, quali che fossero le apparenze, in realtà il cibo *non* scarseggiava. Certo, per il momento si era mostrato necessario ritoccare le razioni (Squealer parlava sempre di *ritocchi* e mai di *riduzioni*), ma in confronto ai tempi di Jones c'era stato un enorme miglioramento. Leggendo le cifre con voce stridula e rapida, dimostrò loro in dettaglio che avevano più avena, più fieno, più rape rispetto ai tempi di Jones; che lavoravano di meno e vivevano più a lungo; che la loro acqua da bere era di qualità migliore; che la mortalità infantile era diminuita, e che nelle loro stalle c'erano più fieno e meno pulci. Gli animali credettero a ogni parola.

A dire il vero, Jones e tutto ciò che egli aveva rappresentato era quasi sparito dalla loro memoria. Sapevano che ormai la vita era dura e austera, che spesso pativano la fame e il freddo, e che quando non dormivano, solitamente erano al lavoro. Ma non vi era dubbio che la situazione era stata peggiore ai vecchi tempi. Erano contenti di crederlo. E in più a quei tempi erano stati schiavi mentre adesso erano liberi e questo, come Squealer non mancava mai di sottolineare, faceva assolutamente la differenza.

C'erano molte più bocche da sfamare ora. In autunno le quattro scrofe avevano partorito quasi simultaneamente, producendo nell'insieme trentuno maialini. I piccoli erano pezzati e, poiché Napoleon era l'unico verro della fattoria, non era difficile intuirne la paternità. Più tardi venne annunciato che, dopo aver comperato mattoni e legname, sarebbe stata costruita un'aula scolastica nel cortile della casa padronale. Per il momento i maialini venivano istruiti direttamente da Napoleon nella cucina della casa. Facevano gli esercizi in giardino e li si scoraggiava dal giocare con gli altri giovani animali. Nello stesso periodo fu introdotta una nuova regola secondo cui ogniqualvolta un maiale s'incontrasse lungo un sentiero con un altro animale, quest'ultimo doveva cedergli il passo; in più, tutti i maiali, di qualsiasi grado, avrebbero avuto il privilegio di portare la domenica un nastro verde al codino.

La fattoria aveva avuto un anno discreto, ma il denaro scarseggiava ancora. Bisognava acquistare mattoni, sabbia e calce per la scuola, e sarebbe stato necessario iniziare a risparmiare nuovamente per i macchinari del mulino. Servivano poi olio per le lanterne e candele per la casa, zucchero per la mensa di Napoleon (ma agli altri maiali lo proibiva, dicendo che li faceva ingrassare), e i soliti rifornimenti di attrezzi, chiodi, spago, carbone, fil di ferro, ferraglia e biscotti per cani. Furono venduti un covone di fieno e parte del raccolto di patate, mentre il numero di uova previste dal contratto fu incrementato a seicento per settimana, cosicché le galline riuscivano a malapena a covare il numero di pulcini necessario per mantenere stabile la popolazione. Le razioni, già ridotte a dicembre, vennero di nuovo ridotte a febbraio e fu proibito l'uso di lanterne nelle stalle per risparmiare sull'olio. I maiali, però, non sembravano passarsela male e in realtà stavano ingrassando.

Un pomeriggio di fine febbraio, dalla piccola distilleria sul retro della cucina, in disuso dai tempi di Jones, si diffuse un odore che gli animali non avevano mai sentito prima: era un profumo caldo, ricco e appetitoso. Qualcuno disse che si trattava dell'odore dell'orzo cotto. Gli animali cominciarono ad annusare avidamente l'aria, chiedendosi se qualcuno stesse preparando loro del buon mangime caldo per cena. Il mangime caldo però non comparve e la domenica successiva fu annunciato che di lì in avanti tutto l'orzo sarebbe stato riservato ai maiali. Il campo oltre il frutteto ne era già stato seminato. E ben presto trapelò la notizia che ogni maiale riceveva come parte della razione giornaliera mezzo litro di birra, mentre a Napoleon ne venivano serviti un paio, nella zuppiera del servizio Crown Derby.

Ma se è vero che ci furono avversità da sopportare, queste furono parzialmente compensate dal fatto che la vita era molto più dignitosa di quanto fosse mai stata in precedenza. C'erano più canti, più discorsi, più cortei. Napoleon aveva ordinato che una volta a settimana si svolgesse una certa cosa chiamata Manifestazione Spontanea, l'oggetto della quale era la celebrazione delle lotte e dei trionfi della Fattoria degli Animali. All'ora stabilita gli animali lasciavano il lavoro e marciavano intorno al perimetro della fattoria in formazione militare, con i maiali in testa e, in ordine dietro di loro, i cavalli, le mucche, le pecore e infine il pollame. I cani fiancheggiavano la processione e in testa all'intero gruppo marciava il galletto nero di Napoleon. Boxer e Clover portavano sempre tra di loro uno stendardo verde, con sopra lo zoccolo e il corno, e la scritta «Lunga vita al compagno Napoleon!». Venivano poi recitate poesie composte in onore di Napoleon e, infine, in un discorso di Squealer venivano dati i dettagli sugli ultimi incrementi nella produzione dei generi alimentari. Occasionalmente veniva sparato un colpo di fucile.

Le pecore erano gli animali più affezionati alle Manifestazioni Spontanee e se qualcuno si lamentava (come accadeva ogni tanto, quando maiali e cani non erano nei paraggi) che era tempo sprecato e si stava troppo tempo fuori al freddo, le pecore non mancavano mai di zittirlo con un tremendo belato di «Quattro zampe buono, due zampe cattivo!». In generale, però, agli animali piacevano queste celebrazioni. Trovavano rassicurante sentirsi ricordare che, dopotutto, erano veramente padroni di se stessi e che il lavoro che facevano era esclusivamente per il loro bene. E dunque, tra gli inni, le sfilate, gli elenchi di cifre di Squealer, il rombo del fucile, il canto del galletto e lo sventolio della bandiera, riuscivano almeno ogni tanto a dimenticare di avere la pancia vuota.

Ad aprile la Fattoria degli Animali fu proclamata Repubblica e si rese necessario eleggere un Presidente. C'era un solo candidato, Napoleon, che venne eletto all'unanimità. Lo stesso giorno fu comunicato che erano stati scoperti nuovi documenti che svelavano ulteriori dettagli sulla complicità tra Snowball e Jones. Sembrava ora che Snowball, contrariamente a quanto si pensava prima, non avesse solo tentato con uno stratagemma di far perdere la Battaglia della Stalla, ma avesse lottato apertamente dalla parte di Jones. Era stato lui, infatti, a dirigere le forze degli umani e si era lanciato in battaglia al grido di «Lunga vita all'Umanità!». Le ferite sul dorso di Snowball, che alcuni degli animali ricordavano ancora di aver visto, erano state inferte dalle zanne di Napoleon.

A metà dell'estate Moses, il corvo, ricomparve nella fattoria dopo un'assenza di vari anni. Non era affatto cambiato, continuava a non lavorare e raccontava del Monte Zucchero Candito con l'entusiasmo di sempre. Si appollaiava su di un ceppo, sbatteva le ali nere e parlava per ore a chiunque stesse ad ascoltarlo. «Lassù, compagni», diceva solennemente, indicando verso il cielo con il lungo becco, «lassù, proprio sull'altro lato delle nubi scure che vedete, lì si trova il Monte Zucchero Candito, il Paese felice in cui noi poveri animali potremo riposare per sempre dalle nostre fatiche!». Affermava anche di esserci stato in uno dei suoi voli più alti e di aver visto i campi sempiterni di trifoglio e le siepi cariche di panelli di lino e zollette di zucchero. Molti degli animali gli credevano. Le loro vite al momento - così ragionavano - non erano altro che fame e fatica; non era forse logico e giusto che da qualche parte esistesse un mondo migliore? Difficile era invece stabilire quale fosse l'atteggiamento dei maiali nei confronti di Moses. Dichiaravano tutti con disprezzo che le sue storie sul Monte Zucchero Candito erano menzogne, eppure gli permettevano di restare nella fattoria, senza lavorare, concedendogli persino un bicchiere di birra al giorno.

Quando il suo zoccolo fu guarito, Boxer iniziò a lavorare più che mai. Quell'anno, a dire il vero, tutti gli animali lavorarono come schiavi. Oltre al consueto lavoro della fattoria e la ricostruzione del mulino, c'era anche la scuola per i maialini, la cui costruzione era iniziata a marzo. A volte i lunghi orari e la scarsezza di cibo erano duri da sopportare, ma Boxer non vacillava mai. In ciò che faceva o diceva non vi era alcun segno che la sua forza non fosse più quella di un tempo. Solo nella figura fisica si notava qualche cambiamento: il manto aveva perso parte del suo lustro e i suoi grandi fianchi sembravano essersi ristretti. «Si riprenderà con l'erba della primavera», dicevano gli altri; ma la primavera giunse e Boxer non riacquistò il suo aspetto. A volte, quando tendeva tutti i muscoli contro il peso di qualche grosso macigno, lungo il pendio che portava alla cima della cava, sembrava che a tenerlo in piedi non fosse altro che la sua volontà di continuare a farcela. In certi momenti si vedeva che le sue labbra formavano la frase «lavorerò di più», ma non gli restava più la voce. Più e più volte Clover e Benjamin lo pregarono di prendersi cura della propria salute, ma Boxer non prestava loro attenzione. Presto avrebbe compiuto dodici anni. Non gli importava cosa sarebbe accaduto, purché si accumulasse una buona scorta di pietre prima della sua entrata in pensione.

Una tarda sera d'estate corse improvvisamente la voce che era accaduto qualcosa a Boxer, mentre trascinava da solo un carico di pietra fino al mulino. La voce si rivelò essere vera. Qualche minuto dopo due piccioni arrivarono in gran fretta con la notizia: «Boxer è caduto! È disteso su un fianco e non riesce ad alzarsi!»

Mezza fattoria accorse alla collinetta sulla quale sorgeva il mulino. Lì videro giacere Boxer, tra le stanghe del carretto, il collo irrigidito, incapace persino di alzare la testa. Lo sguardo era vitreo e i fianchi coperti di sudore. Un sottile rivolo di sangue gli era colato dalla bocca. Clover cadde in ginocchio al suo lato.

«Boxer!» esclamò, «come ti senti?».

«È il mio polmone», disse il cavallo con voce debole. «Non importa. Penso sarete in grado di finire il mulino senza di me. C'è già accumulata una buona scorta di pietra. Mi mancava comunque un solo mese. A dire il vero non vedevo l'ora di andarmene in pensione. E poi, siccome anche Benjamin sta invecchiando, forse lasceranno che si ritiri anche lui e potremo farci compagnia».

«Bisogna cercare subito aiuto», disse Clover. «Presto, qualcuno corra a dire a Squealer cos'è accaduto».

Gli altri animali tornarono in fretta e furia alla casa padronale per dare la notizia a Squealer. Rimasero solo Clover e Benjamin, che si coricò accanto a lui e, senza dire una parola, gli tenne lontane le mosche con la lunga coda. Dopo circa un quarto d'ora comparve Squealer, pieno di premura e preoccupazione. Disse che il compagno Napoleon aveva appreso con grande pena che a Boxer, uno dei più fedeli lavoratori della fattoria, fosse accaduta una simile sventura, e che stava già prendendo accordi per inviarlo a farsi curare nell'ospedale di Willingdon. Gli animali accolsero questa notizia con una certa inquietudine. Ad eccezione di Mollie e Snowball, nessuno di loro aveva mai messo piede fuori dalla fattoria e non volevano pensare al loro compagno malato nelle mani di esseri umani. Squealer, però, li convinse facilmente che il chirurgo veterinario di Willingdon avrebbe saputo curare Boxer meglio di quanto si sarebbe potuto fare nella fattoria.

Dopo circa mezz'ora, quando si fu un po' ripreso, Boxer fu aiutato con difficoltà a rimettersi sulle zampe, per trascinarsi fino alla sua stalla, dove Clover e Benjamin gli avevano preparato una buona lettiera di paglia.

Nei due giorni seguenti Boxer rimase nella stalla. I maiali gli avevano dato una grande bottiglia di medicina rosa trovata al bagno nell'armadietto dei medicinali, e Clover gliela somministrava due volte al giorno dopo i pasti. La sera gli restava vicino e gli parlava, mentre Benjamin teneva lontane le mosche. Boxer diceva di non essere dispiaciuto per ciò che era accaduto. Con un buon recupero sarebbe potuto vivere altri tre anni e non vedeva l'ora di passare giorni tranquilli nell'angolo del grande pascolo. Per la prima volta avrebbe avuto il tempo per studiare e migliorare la propria mente. Disse di avere l'intenzione di dedicare il resto della sua vita all'apprendimento delle rimanenti ventidue lettere dell'alfabeto.

Benjamin e Clover, però, potevano stare insieme a Boxer solo dopo la fine dell'orario di lavoro, e fu proprio a metà giornata che il furgone passò a portarlo via. Gli animali erano tutti occupati a sarchiare le rape sotto la supervisione di un maiale quando, con loro sorpresa, videro Benjamin arrivare al galoppo dalla direzione degli edifici, ragliando con quanto fiato aveva in corpo. Era la prima volta che vedevano Benjamin agitato; anzi, era la prima volta che lo vedevano galoppare. «Presto, presto!» gridò. «Venite subito! Stanno portando via Boxer!». Senza attendere ordini dal maiale, gli animali abbandonarono il lavoro e tornarono in fretta agli edifici dove, infatti, trovarono un grande furgone chiuso parcheggiato nel cortile. Era trainato da due cavalli e sulla fiancata recava una scritta, mentre alla guida sedeva un uomo dal volto scaltro, con in testa una bombetta a calotta bassa. E nella stalla il posto di Boxer era vuoto.

Gli animali si affollarono intorno al furgone. «Arrivederci, Boxer!» fecero in coro. «Arrivederci!».

«Stupidi! Stupidi!» urlò Benjamin, saltando tutt'attorno a loro e scalpitando con i piccoli zoccoli. «Stupidi! Non vedete cosa c'è scritto sulla fiancata del furgone?».

A queste parole gli animali esitarono e calò il silenzio. Muriel iniziò a scandire le parole, ma Benjamin la spinse da parte e nel silenzio di tomba lesse:

«ALFRED SIMMONDS, MACELLERIA EQUINA E FABBRICA DI COLLA, WILLINGDON. NEGOZIANTE DI PELLAMI E CONCIMI DI POLVERE FARINA D'OSSA. FORNITURE PER CANILI».

«Non capite cosa significa? Stanno portando Boxer al macello!».

Un grido di orrore si levò tra gli animali. In quel momento l'uomo sulla cassetta vibrò un colpo di frusta ai cavalli e il furgone uscì dal cortile di buon trotto. Gli animali si misero all'inseguimento, gridando a squarciagola. Clover accelerò il passo per portarsi in fronte al gruppo. Il furgone cominciò a prendere velocità. Clover provò a portare al galoppo le sue zampe tozze, ma non riuscì a fare altro che trottare. «Boxer!» gridò. «Boxer! Boxer! Boxer!». Proprio in quel momento, come se avesse sentito il frastuono, il muso di Boxer, con la lunga striscia bianca che gli scendeva al naso, comparve nel vano della finestrella sul retro del furgone.

«Boxer!», gridò Clover con voce angosciata. «Boxer! Scappa! Devi scappare subito! Ti stanno portando alla morte!».

Tutti gli animali si unirono in un unico coro: «Scappa, Boxer, scappa!». Ma il furgone stava già guadagnando velocità, allontanandosi sempre di più. Non si poteva sapere se Boxer avesse sentito le parole di Clover. Un momento dopo, però, il suo muso scomparve dal finestrino e si udì il rumore di un tremendo scalpitìo all'interno del furgone: stava cercando di aprirsi la strada a calci. C'era stato un tempo in cui qualche colpo dei suoi zoccoli sarebbe bastato per fare a pezzi il furgone. Ma purtroppo la forza l'aveva abbandonato e pochi momenti dopo il rumore si affievolì fino a cessare del tutto. In preda alla disperazione, gli animali provarono a fare appello ai due cavalli che trainavano il furgone. «Compagni, compagni!», gridarono. «Non portate un vostro fratello alla morte!» Ma i due stupidi bruti, troppo ignoranti per rendersi conto di ciò che stava accadendo, si limitarono a puntare gli orecchi all'indietro e accelerarono il passo. Il muso di Boxer non riapparve al finestrino. Troppo tardi venne in mente a qualcuno di correre avanti a chiudere il cancello principale: un attimo dopo il furgone l'aveva sorpassato per poi scomparire lungo la strada. Boxer non lo videro più.

Tre giorni dopo fu annunciato che, pur avendo ricevuto le migliori cure che un cavallo potesse ricevere, Boxer era morto nell'ospedale di Willingdon. Squealer venne a fare l'annuncio. Disse di essere stato presente durante le sue ultime ore di vita.

«È stata la scena più toccante che abbia mai visto!», disse Squealer, alzando la zampa per asciugare una lacrima. «Sono rimasto al suo capezzale fino all'ultimo. E alla fine, ormai troppo debole per poter parlare, mi ha sussurrato all'orecchio che il suo unico rimpianto era di morire prima di poter vedere il mulino ultimato. "Avanti, compagni!", ha sussurrato. "Avanti, in nome della Ribellione. Lunga vita alla Fattoria degli Animali! Lunga vita al compagno Napoleon! Napoleon ha sempre ragione". Sono state queste le sue ultime parole, compagni».

A questo punto, però, l'atteggiamento di Squealer cambiò d'improvviso. Per qualche momento non disse nulla e, prima di riprendere a parlare, i suoi occhietti lanciarono sguardi sospettosi tutt'attorno.

Gli era giunto all'orecchio, disse, che era circolata una voce sciocca e maligna voce da quando Boxer era stato portato via. Alcuni animali avevano notato che il furgone su cui era stato caricato aveva la scritta «Macelleria equina» ed erano saltati alla conclusione che si stesse inviando Boxer al macello. Quasi da non credere, disse Squealer, che un animale possa essere così stupido. Così poco - esclamò indignato, dimenando il codino e saltellando da un lato all'altro - così poco conoscevano il loro amato Capo, il Compagno Napoleon? La spiegazione, però, era molto semplice. In passato il furgone era stato di proprietà del macellaio ed era stato comprato dal chirurgo veterinario che non aveva ancora avuto tempo per rimuovere la scritta. Ecco il motivo del malinteso.

Nell'udire ciò gli animali furono enormemente sollevati. Quando poi Squealer continuò descrivendo i dettagli riguardo a Boxer sul letto di morte, sulle costose medicine per le quali Napoleon aveva pagato senza curarsi della cifra, gli ultimi dubbi svanirono e il dolore che provavano per la morte del loro compagno fu alleviata dal pensiero che almeno era morto felice.

Napoleon stesso comparve al Consiglio della domenica mattina successiva e pronunciò un breve discorso in onore di Boxer. Non era stato possibile, disse, portare indietro i resti del loro compianto compagno per dar loro degna sepoltura nella fattoria, ma aveva ordinato di preparare una grande ghirlanda con l'alloro del giardino nella fattoria, per farla deporre sulla sua tomba. Aggiunse anche che di lì a qualche giorno i maiali avevano intenzione di organizzare un banchetto commemorativo in suo onore. Napoleon concluse il discorso ricordando agli animali le due massime favorite di Boxer: «Lavorerò di più» e «Il compagno Napoleon ha sempre ragione»: massime, disse, che qualsiasi animale avrebbe fatto bene ad adottare come proprie.

Nel giorno prefissato per il banchetto il furgone di un droghiere proveniente da Willingdon si fermò davanti alla fattoria per consegnare una grande cassa di quelle che contengono bottiglie. La notte si udirono canti sguaiati, seguiti da rumori come di una violenta lite, che culminarono verso le undici in un tremendo frastuono di vetri. L'indomani non si mosse nessuno nella casa padronale prima di mezzogiorno, e corse voce che in un modo o in un altro i maiali si fossero procurati il denaro per comprarsi un'altra cassa di whisky.

Capitolo X

Passarono gli anni. Le stagioni vennero e se ne andarono, le brevi vite degli animali volarono via. Giunse il tempo in cui nessuno si ricordava dei lontani giorni prima della Ribellione, tranne Clover, Benjamin, Moses il corvo e qualche maiale.

Muriel era morta, Bluebell, Jessie e Pincher erano morti. Anche Jones era morto, in una casa per alcolisti in un'altra parte della contea. Snowball era stato dimenticato. Anche Boxer era stato dimenticato, ad eccezione dei pochi che l'avevano conosciuto. Clover era diventata ormai una cavalla vecchia e grossa, dalle giunture rigide e gli occhi cisposi. Da due anni aveva superato l'età della pensione, ma in verità nessun animale era mai stato messo a riposo. L'idea di riservare un angolino del pascolo per gli animali troppo vecchi per il lavoro era stata abbandonata da lungo tempo. Napoleon era adesso un verro maturo di un quintale e mezzo. Squealer era così grasso che al posto degli occhi aveva due fessure, dalle quali vedeva appena. Solo il vecchio Benjamin era rimasto pressoché immutato, tranne il muso che s'era fatto un po' più grigio e per il fatto che dalla morte di Boxer era diventato cupo e taciturno più che mai.

C'erano molte più creature nella fattoria ora, sebbene l'incremento fosse stato inferiore alle previsioni iniziali. Erano nati molti per i quali la Ribellione non era che una vaga tradizione tramandata di bocca in bocca, mentre ne erano stati comprati altri che non l'avevano nemmeno sentita menzionare prima del loro arrivo. Ora nella fattoria c'erano tre cavalli a parte Clover. Erano bestie sane e forti, lavoratori diligenti e ottimi compagni, ma molto stupidi. Nessuno di loro si dimostrò capace di imparare l'alfabeto oltre la lettera B. Accettavano tutto ciò che veniva loro detto sulla Ribellione e sui princìpi dell'Animalismo, specie da parte di Clover per la quale nutrivano un rispetto quasi filiale*, ma c'era il dubbio che lo capissero veramente.

La fattoria adesso era più fiorente e meglio organizzata: si era persino ingrandita con i due campi che erano stati acquistati dal signor Pilkington. Il mulino a vento era stato finalmente completato con successo, e la fattoria possedeva una trebbiatrice e un montacarichi per il fieno, oltre a vari nuovi edifici che erano stati aggiunti. Whymper si era comprato un calesse. Il mulino, però, alla fin fine non era stato utilizzato per generare corrente elettrica, ma per macinare grano, producendo così un cospicuo profitto monetario. Gli animali

* Questa e altre annotazioni possono far ritenere che, per il personaggio di Clover, Orwell si sia ispirato alla figura storica di Aleksandra Kollontaj (1872-1952) unica donna dell'originario gruppo bolscevico che sia sopravvissuta alle purghe di Stalin (vedi avanti, nota a p. 173) [*n.d.r.*].

stavano lavorando duramente per costruirne un altro, finito il quale, così dicevano, sarebbero state installate le dinamo. Ma delle comodità che un tempo Snowball aveva insegnato agli animali a sognare - delle stalle a luce elettrica e con acqua calda e fredda, della settimana lavorativa di tre giorni - non si parlava più. Napoleon aveva denunciato tali idee come contrarie allo spirito dell'Animalismo. La vera felicità, disse, stava nel lavorare duramente e vivere in modo frugale.

In realtà sembrava che la fattoria si fosse arricchita senza che s'arricchissero anche gli animali (tranne, ovviamente, i maiali e i cani). Forse ciò era dovuto in parte al fatto che di maiali e cani ce ne fossero così tanti. Non che queste creature non lavorassero, secondo il proprio stile. Nella supervisione e organizzazione della fattoria, come Squealer non si stancava di ripetere, era necessaria una quantità infinita di lavoro, che in gran parte gli altri animali erano troppo ignoranti per capire. Per esempio, disse Squealer, i maiali dovevano dedicare enormi quantità di tempo ogni giorno a cose misteriose chiamate «schedari», «rapporti», «verbali» e «promemoria». Si trattava di grandi fogli di carta che venivano ricoperti di scrittura fitta e che poi, una volta riempiti, venivano bruciati nella fornace. Era un lavoro della massima importanza per il benessere della fattoria, diceva Squealer. Tuttavia, i maiali e i cani non producevano cibo col loro lavoro, ma erano numerosi e sempre di buon appetito.

Quanto agli altri, per quel che era dato loro di sapere, la vita era quella di sempre. In genere avevano fame, dormivano sulla paglia, si abbeveravano allo stagno e faticavano nei campi; d'inverno soffrivano per il freddo e d'estate per le mosche. Talvolta i più anziani di loro raschiavano il fondo della loro memoria per ricordare se al tempo della Ribellione, quando la cacciata di Jones era ancora recente, la situazione fosse stata migliore o peggiore rispetto al presente. Ma non ci riuscivano. Non avevano nulla con cui paragonare le loro vite attuali: nulla oltre le sfilze di cifre date da Squealer, che invariabilmente dimostravano come tutto stesse andando di meglio in meglio. Gli animali trovavano il problema irrisolvibile e in ogni caso ora avevano poco tempo per discettare su tali questioni. Solo il vecchio Benjamin affermava di ricordare ogni dettaglio della propria lunga vita e di sapere che le cose non erano mai andate, né mai sarebbero potute andare molto meglio o molto peggio: la fame, la fatica e le delusioni, come lui diceva, erano leggi inalterabili della vita.

Eppure gli animali non avevano abbandonato mai la speranza. Non solo: non persero mai, neppure per un istante, il senso di onore e privilegio dell'essere membri della Fattoria degli Animali. Erano ancora l'unica fattoria dell'intera contea - anzi, di tutta Inghilterra! - posseduta e gestita da animali. Non uno solo di loro, nemmeno i più giovani, nemmeno i nuovi arrivati da fattorie lontane dieci o venti miglia, cessava di meravigliarsene. E quando sentivano tuonare il fucile e vedevano sventolare la bandiera verde in cima al pennone, i loro cuori si gonfiavano d'inestinguibile orgoglio, e si finiva sempre col parlare dei vecchi giorni eroici, della cacciata di Jones, della stesura dei Sette Comandamenti, delle grandi battaglie in cui gli invasore umani erano stati sconfitti.

Nessuno dei sogni era stato abbandonato. Non si era persa la fede nella Repubblica degli Animali profetizzata dal Maggiore, quando nessun piede umano avrebbe più calpestato i verdi campi d'Inghilterra. Quel giorno doveva venire: forse non sarebbe stato a breve, forse non nell'arco della loro vita, ma sarebbe venuto comunque. Persino l'inno *Bestie d'Inghilterra* veniva bisbigliato segretamente qua e là: era certo, in ogni caso, che tutti gli animali della fattoria lo conoscevano anche se non osavano cantarlo ad alta voce. Poteva darsi che le loro vite fossero dure e che non tutte le loro speranze si fossero realizzate, ma erano coscienti di non essere come gli altri animali. Se pativano la fame, non era per aver nutrito i tirannici esseri umani, e se lavoravano duramente sapevano almeno di farlo per se stessi. Nessuna creatura tra loro andava su due zampe. Nessuna creatura chiamava un'altra «padrone». Tutti gli animali erano uguali.

Un giorno, all'inizio dell'estate, Squealer ordinò alle pecore di seguirlo e le condusse all'altra estremità della fattoria, su una porzione incolta di terreno che era stata invasa da germogli di betulla. Le pecore passarono l'intera giornata a brucare le foglie sotto la sorveglianza di Squealer. La sera questi se ne tornò alla casa padronale, ma, visto che faceva caldo, disse alle pecore di restare dov'erano. Finirono per restarci una settimana intera, nel corso della quale gli altri animali non ne videro più traccia. Squealer stava insieme a loro per gran parte della giornata. A quanto disse, stava insegnando loro un nuovo inno, e ciò richiedeva riservatezza.

Fu subito dopo il ritorno delle pecore che successe. Era una serata gradevole e gli animali, finito il turno di lavoro, si stavano dirigendo verso gli edifici della fattoria, quando sentirono provenire dal cortile i nitriti terrorizzati di un cavallo. Stupiti, gli animali si fermarono di colpo. Era la voce di Clover. Quando nitrì nuovamente tutti gli animali si lanciarono al galoppo e irruppero nel cortile. Lì videro ciò che aveva visto Clover.

Era un maiale che stava camminando sulle zampe posteriori.

Sì, era proprio Squealer. Un po' goffamente, come se non fosse ancora abituato a sostenere la propria considerevole mole in quella posizione, ma in perfetto equilibrio, stava camminando su e giù per il cortile. Qualche attimo dopo, dalla porta della casa padronale uscì una lunga fila di maiali, tutti ritti sulle zampe posteriori. Alcuni se la cavavano meglio di altri, altri barcollavano un po' e sembrava che avrebbero preferito appoggiarsi a un bastone: ma tutti completarono con successo il giro del cortile. Infine, ci fu un tremendo latrare di cani e il canto stridulo del gallo nero, e Napoleon stesso uscì dalla casa. Maestosamente eretto, egli lanciava sguardi tronfi in ogni direzione, mentre i suoi cani gli saltellavano intorno.

Nella zampa aveva una frusta.

Regnava un silenzio mortale. Stupiti, atterriti, stringendosi gli uni agli altri, gli animali osservavano la lunga fila di maiali che marciare lentamente per il cortile. Era come se il mondo si fosse capovolto. Giunse poi il momento in cui l'impatto iniziale fu superato e in cui - nonostante tutto, malgrado il loro terrore dei cani, malgrado l'abitudine sviluppata nel corso degli anni di non lamentarsi mai, di non criticare, qualunque cosa fosse accaduta - avrebbero potuto pronunciare qualche parola di protesta. Ma proprio in quell'istante, come a un segnale, tutte le pecore proruppero in un tremendo belato:

«Quattro zampe buono, due zampe *meglio*! Quattro zampe buono, due zampe *meglio*! Quattro zampe buono, due zampe *meglio*!».

Continuò così, ininterrotto, per cinque minuti. E quando le pecore si furono quietate, l'occasione per protestare era passata e i maiali erano già rientrati nella casa.

Benjamin sentì che qualcuno strofinava il naso contro la sua spalla. Si voltò e vide Clover. I suoi occhi ormai vecchi sembravano spegnersi sempre di più. Senza dire nulla, lo tirò con delicatezza per la criniera portandolo fino in fondo al granaio principale, dov'erano scritti i Sette Comandamenti. Per qualche minuto i due rimasero a fissare le lettere bianche sulla parete scura.

«La mia vista sta peggiorando», disse Clover a un certo punto. «Neanche da giovane sarei riuscita a leggere cosa c'è scritto, eppure il muro mi sembra cambiato. I Sette Comandamenti sono gli stessi di prima?».

Per una volta Benjamin acconsentì a rompere la propria regola e le lesse ad alta voce ciò che era scritto sul muro. Ora non vi era più che un unico Comandamento, che recitava:

TUTTI GLI ANIMALI SONO UGUALI
MA ALCUNI ANIMALI
SONO PIÙ UGUALI DEGLI ALTRI

Dopodiché non parve strano che il giorno seguente i maiali che sorvegliavano i lavori nella fattoria avessero tutti delle fruste nelle zampe. Non parve strano venire a sapere che i maiali avevano acquistato un apparecchio radio, che stavano prendendo accordi per installare un telefono e che si erano abbonati a *John Bull*, a *Tit-Bits* e al *Daily Mirror**. Non parve strano

* *John Bull* è il titolo di un settimanale apparso in varie forme ed epoche a partire dal 1892. Orwell si riferisce certamente all'edizione di Geoffrey Williamson (Odhams Press), poi continuata negli anni '40: un tipico settimanale per famiglie e benpensanti, su cui apparvero però racconti di alcune celebrità, come Agatha Christie. *Tit-Bits* è stato un settimanale nato alla fine dell'Ottocento, di grande tiratura, con predilezione per novelle di tono drammatico o a carattere sensazionalistico. Il *Daily Mirror* è nato nel 1903 come giornale femminile prodotto da donne. L'insuccesso iniziale ne fece cambiare il carattere, trasformandolo nel primo quotidiano d'informazione illustrato. Formato tabloid, di alta tiratura, da giornale rivolto al mondo dei lavoratori, è diventato dal 1945 un sostenitore esplicito del Partito laburista [*n.d.r.*].

vedere Napoleon passeggiare nel cortile della casa padronale con una pipa in bocca - no, nemmeno quando i maiali presero dagli armadi i vecchi abiti del signor Jones per indossarli. Napoleon stesso si presentò in giacca nera, pantaloni alla cavallerizza e gambali di cuoio, mentre la sua scrofa preferita comparve in un vestito di seta marezzata che la signora Jones era solita mettersi le domeniche.

Una settimana dopo, nel pomeriggio, vari calessi arrivarono alla fattoria. Una delegazione di agricoltori della zona era stata invitata a fare un giro d'ispezione. Fu mostrata loro l'intera fattoria ed essi espressero grande ammirazione per tutto ciò che videro, specialmente per il mulino a vento. Gli animali stavano sarchiando diligentemente il campo di rape, senza quasi alzare i musi da terra, e non sapendo se avere più paura dei maiali o dei visitatori umani.

Quella sera dalla casa padronale giunsero scoppi di risa e di canto molto forti. E al suono delle voci che si mescolavano, gli animali furono improvvisamente colpiti dalla curiosità. Cosa poteva accadere lì dentro, ora che per la prima volta animali ed esseri umani si stavano incontrando in termini di parità? Di comune accordo s'introdussero nel giardino della casa, attenti a non fare alcun rumore.

Giunti davanti al cancello esitarono, un po' spaventati di andare oltre, ma Clover fece strada. In punta di zampe avanzarono verso la casa e chi di loro era sufficientemente alto spiò dalla finestra della sala da pranzo. Lì, intorno al lungo tavolo, sedevano mezza dozzina di agricoltori e altrettanti fra i maiali più eminenti. Napoleon occupava il posto d'onore a capotavola. I maiali sembravano decisamente a proprio agio sulle loro sedie. La compagnia si stava godendo una partita a carte che era stata momentaneamente interrotta, evidentemente per fare un brindisi. Una grande caraffa stava facendo il giro e i boccali venivano riempiti di birra. Nessuno si accorse dello stupore sui musi degli animali che guardavano dalla finestra.

Il signor Pilkington, di Foxwood, si era alzato col boccale in mano. Fra un momento, disse, avrebbe chiesto alla presente compagnia di fare un brindisi, ma prima si sentiva in dovere di dire qualche parola.

Per lui - e, ne era certo anche per il resto dei presenti - era motivo di grande soddisfazione sapere che un lungo periodo di malintesi e diffidenza giunto al termine. C'era stato un tempo - non che lui o chiunque della presente compagnia avesse condiviso simili sentimenti - ma c'era stato un tempo in cui i rispettabili proprietari della Fattoria degli Animali erano stati trattati, non voleva dire con ostilità, ma forse con una certa dose di apprensione dai loro vicini umani. Avevano avuto luogo incidenti sfortunati e idee erronee si erano diffuse. Si era pensato che l'esistenza di una fattoria posseduta e gestita da maiali sarebbe stata in qualche modo anormale e che avrebbe potuto avere effetti destabilizzanti sul vicinato. Troppi agricoltori avevano immaginato, senza le dovute indagini, che in una simile fattoria sarebbe prevalso uno spirito di dissolutezza e indisciplina. Si erano quindi preoccupati per gli effetti che ciò avrebbe potuto avere sui loro animali e persino sui loro dipendenti umani. Ora, però, ogni dubbio si era dileguato. Oggi, lui e i suoi amici avevano visitato la Fattoria degli Animali, ispezionandone ogni palmo con i propri occhi, e cos'avevano trovato? Non solo i metodi più moderni, ma una disciplina e un ordine che sarebbero dovuti servire da esempio a qualsiasi agricoltore. Pensava di avere ragione ad affermare che in quella fattoria gli animali inferiori lavoravano di più e ricevevano meno cibo che in qualsiasi altra parte della contea. In realtà, lui e i suoi accompagnatori avevano osservato molti aspetti che avevano intenzione d'introdurre nelle proprie fattorie al più presto.

Avrebbe concluso le proprie osservazioni, disse, sottolineando ancora una volta le relazioni di amicizia che legavano e dovevano legare la Fattoria degli animali ai suoi vicini. Tra i maiali e gli esseri umani non c'erano e non dovevano esserci conflitti d'interessi di nessun tipo. Le loro lotte e difficoltà erano le stesse. Il problema della manodopera non era forse lo stesso ovunque?

A questo punto si capì che il signor Pilkington avrebbe voluto sorprendere la compagnia con una battuta attentamente preparata, ma per qualche istante fu sopraffatto dall'ilarità e non poté parlare. Sembrò quasi strozzarsi, mentre il doppio o triplo mento gli diventava paonazzo. Infine riuscì a dire: «Se voi dovete vedervela coi vostri animali inferiori, noi dobbiamo pensare alle nostre classi inferiori!». Quel *bon mot* [spiritosaggine] provocò uno scroscio di risa nella tavolata. Il signor Pilkington si congratulò di nuovo con i maiali per le scarse razioni, i lunghi orari di lavoro e la generale assenza di comodità che aveva osservato nella Fattoria degli Animali.

E ora, disse finalmente, avrebbe chiesto ai presenti di alzarsi e assicurarsi che i loro boccali fossero pieni. «Signori», concluse Pilkington, «signori, vi propongo un brindisi: alla prosperità della Fattoria degli Animali!».

A queste parole si levarono acclamazioni entusiastiche e fu un gran battere di zoccoli. Napoleon era così soddisfatto che lasciò il proprio posto e andò all'altro lato del tavolo per brindare col signor Pilkington prima di vuotare il boccale. Quando la calma si fu ristabilita, Napoleon, che era rimasto in piedi, disse di avere anche lui qualche parola da dire.

Come tutti i suoi discorsi, anche questo fu corto e andò subito al sodo. Anche lui, disse, era contento che il periodo di incomprensione fosse giunto al termine. Per lungo tempo era corsa voce - messa in giro, come aveva ragione di credere, da qualche nemico malvagio - che ci fosse qualcosa di sovversivo e persino rivoluzionario nelle idee sue e dei suoi colleghi. Era stata attribuita loro l'intenzione di fomentare la ribellione tra gli animali delle fattorie limitrofe. Nulla di più lontano dal vero! Il loro unico desiderio, ora e in passato, era di vivere pacificamente e in normali relazioni d'affari con i propri vicini. Aggiunse che quella fattoria, che aveva l'onore di governare, era un'impresa cooperativa e che i titoli di proprietà, che erano in suo possesso, appartenevano collettivamente ai maiali.

Non credeva, disse, che rimanesse ancora qualche vecchio sospetto, ma allo scopo di promuovere ulteriormente la fiducia erano stati introdotti recentemente alcuni cambiamenti nel funzionamento della fattoria. Fino a quel momento gli animali avevano avuto l'abitudine abbastanza sciocca di chiamarsi l'un l'altro «Compagno». Quell'abitudine andava soppressa. C'era anche un'usanza molto strana, di origine ignota, consistente nello sfilare ogni domenica mattina di fronte al teschio di un verro, inchiodato a un ceppo nel giardino. Anche questa era da sopprimere, e il teschio era già stato seppellito. Gli ospiti avevano forse visto la bandiera verde che sventolava in cima al pennone. In tal caso, potevano aver notato che lo zoccolo e il corno bianco che vi apparivano sopra erano stati tolti. D'ora in poi sarebbe stata una semplice bandiera verde.

Aveva una sola critica da fare all'eccellente e amichevole discorso pronunciato dal signor Pilkington, e cioè che diverse volte si era riferito alla «Fattoria degli Animali». Non poteva certo sapere, visto che lui, Napoleon, lo stava annunciando solo ora per la prima volta, che quel nome era stato abolito. D'ora in poi si sarebbe chiamata «Fattoria Padronale», secondo la denominazione che egli considerava corretta e originaria.

«Signori», concluse Napoleon, «vi propongo lo stesso brindisi di prima, ma in diversa forma. Riempite i boccali fino all'orlo. Signori, ecco il mio brindisi: alla prosperità della Fattoria Padronale!»

Come prima, ci furono calorosi applausi e i boccali vennero vuotati sino alla feccia. Ma, mentre gli animali osservavano la scena da fuori, sembrò loro che qualcosa di strano stesse accadendo. Cos'era cambiato nei musi dei maiali? Gli occhi appannati di Clover passavano rapidamente da un muso all'altro. C'era chi aveva cinque pappagorge, chi quattro, chi tre. Ma cos'era che sembrava fondersi e trasformarsi?

Gli applausi erano però finiti e la compagnia aveva ripreso le carte per continuare la partita interrotta. Gli animali cominciarono ad allontanarsi in silenzio.

Non avevano percorso nemmeno una ventina di metri, quando si dovettero fermare di colpo. Un gran baccano giungeva dalla casa. Gli animali si precipitarono indietro sui loro passi e guardarono nuovamente dalla finestra. Sì, era in corso una lite violenta: urla, colpi sul tavolo, sguardi carichi di sospetto, smentite furiose. Il motivo del litigio sembrava il fatto che Napoleon e il signor Pilkington avevano entrambi giocato un asso di picche simultaneamente.

Dodici voci gridavano rabbiose, tutte uguali. Ora era chiaro cosa fosse accaduto ai musi dei maiali. Dall'esterno le creature volsero lo sguardo dal maiale all'uomo e dall'uomo al maiale, e poi ancora all'uomo, ma ormai era impossibile distinguerli l'uno dall'altro.

THE END

Novembre 1943-febbraio 1944

«La libertà di stampa»*

Per la sua idea centrale, questo libro [*Animal Farm*] fu inizialmente concepito nel 1937, ma fu scritto solo verso la fine del 1943. A quel punto era ormai chiaro che sarebbe stato molto difficile farlo pubblicare (nonostante l'attuale scarsità di libri assicuri che qualunque cosa che possa essere descritta come libro «venderà»), e infatti venne rifiutato da quattro case editrici. Solo una di queste aveva qualche motivazione ideologica. Due di esse stavano pubblicando libri antirussi da anni, e la restante non aveva nessun colore politico percepibile. Addirittura, uno degli editori accettò inizialmente il libro, ma dopo aver preso gli accordi preliminari decise di consultare il Ministero dell'informazione, che sembra lo abbia avvertito o quanto meno che gli abbia vivamente raccomandato di non pubblicarlo. Ecco un estratto dalla sua lettera:

* Nota dell'edizione Penguin: Nella prima edizione di *Animal Farm* era stato lasciato lo spazio per una Prefazione di Orwell, come dimostra la numerazione delle pagine nelle bozze corrette dall'Autore. Tuttavia, questa prefazione [scritta nell'estate 1945 (*n.d.r.*)], non fu inclusa e il dattiloscritto fu trovato solo anni dopo da Ian Angus. È stata pubblicata con un'introduzione del prof. Bernard Crick, intitolata «How the essay came to be written» [Come il saggio arrivò ad essere scritto], in *The Times Literary Supplement*, del 15 settembre 1972.

«Ho menzionato la reazione di un importante ufficiale del Ministero dell'informazione riguardo alla *Fattoria degli Animali*. Confesso che le sue parole mi hanno dato molto da pensare... Mi rendo ora conto che potrebbe essere considerata cosa fortemente sconsigliabile da pubblicare al momento. Se la fiaba fosse riferita a dittatori e dittature in generale, allora la pubblicazione andrebbe bene; ma questa segue, ora me ne rendo conto, così da vicino il progresso dei Russi sovietici e dei loro due dittatori che può solo applicarsi alla Russia, a esclusione delle altre dittature. Ancora una cosa: sarebbe meno offensivo se la casta predominante nella fiaba non fossero i maiali*. Penso che la scelta dei maiali come casta dominante offenderà sicuramente molte persone, e specie i permalosi, come indubbiamente lo sono i russi».

Questo genere di cose non è un buon sintomo. Non è, ovviamente, desiderabile che un dipartimento del governo abbia qualsiasi potere di censura (fatta eccezione per la censura ai fini della sicurezza, a cui nessuno fa obiezione in tempi di guerra) su libri non ufficialmente sponsorizzati. Ma il principale pericolo per la libertà di pensiero e parola in questo momento non è l'interferenza diretta del Ministero dell'informazione o di qualsiasi altro ente ufficiale. Se le case editrici si sforzano di tenere certi argomenti lontani dalla stampa, non lo fanno per paura di persecuzione, ma per paura dell'opinione pubblica. In questo Paese la codardia

* Non è del tutto chiaro se la modifica suggerita sia un'idea propria del signor... oppure sia originata dal Ministero dell'informazione, ma sembra avere un tono ufficiale [*nota di Orwell*].

intellettuale è il peggior nemico che scrittori o giornalisti devono affrontare, e questo fatto non mi sembra abbia ricevuto l'attenzione che meriterebbe.

Qualunque persona equanime con esperienza nell'ambito del giornalismo ammetterà che nel corso di questa guerra la censura *ufficiale* non è stata particolarmente irritante. Non siamo stati soggetti al tipo di «coordinamento» totalitario che sarebbe stato forse ragionevole aspettarsi. La stampa avrebbe alcune lamentele giustificate da fare, ma nel complesso il Governo si è comportato bene ed è stato sorprendentemente tollerante verso le opinioni minoritarie. L'aspetto sinistro riguardo alla censura letteraria in Inghilterra è che si tratta di un fenomeno fondamentalmente volontario.

Le opinioni impopolari possono esser messe a tacere e i fatti sconvenienti nascosti, senza alcun bisogno di un bando ufficiale. Chiunque sia vissuto all'estero saprà di casi in cui notizie sensazionali, che sulla base del loro merito avrebbero raggiunto la prima pagina, sono rimaste escluse dalla stampa britannica, non perché sia intervenuto il Governo ma per via di un tacito accordo secondo cui «non andrebbe» menzionato quello specifico fatto. Per quanto riguarda i quotidiani, ciò è facile da comprendere. La stampa britannica è estremamente centralizzata e gran parte di essa è controllata da uomini ricchi che hanno ogni interesse ad essere disonesti su certi importanti argomenti. Lo stesso tipo di censura velata si applica però anche a libri e periodici, così come al teatro, ai film e alla radio. In ogni dato momento c'è un'ortodossia, un gruppo di idee che si suppone tutte le persone per bene accettino senza discutere. Non è esattamente proibito dire una cosa o l'altra, ma «non sta bene» dirla, proprio così come a metà dell'era vittoriana «non stava bene» menzionare i pantaloni in presenza di una signora. Chiunque sfidi l'ortodossia prevalente si ritrova messo a tacere con sorprendente efficacia. A un'opinione veramente fuori moda non viene quasi mai concessa giusta udienza, che sia nella stampa popolare o su riviste sofisticate.

In questo momento ciò che è richiesto dall'ortodossia prevalente è la totale ammirazione della Russia sovietica. Tutti lo sanno e quasi tutti agiscono di conseguenza. Qualsiasi seria critica al regime sovietico, qualsiasi rivelazione di fatti che il governo sovietico preferirebbe restassero nascosti, è pressoché impubblicabile. E questa cospirazione su scala nazionale per lusingare il nostro alleato ha luogo, curiosamente, su uno sfondo di tolleranza intellettuale genuina. Perché sebbene tu non abbia il permesso di criticare il governo sovietico, sei quantomeno ragionevolmente libero di criticare il tuo di governo. Quasi nessuno pubblicherebbe un attacco contro Stalin, ma è abbastanza al sicuro se attacca Churchill, almeno in libri e periodici. Durante cinque anni di guerra, due o tre dei quali passati a lottare per la sopravvivenza nazionale, innumerevoli libri, volantini e articoli a favore di una pace di compromesso sono stati pubblicati senza interferenza.

Inoltre, sono stati stampati senza sollevare grandi contrasti. Finché il prestigio dell'Urss non viene toccato, il principio della libertà di parola è piuttosto ben rispettato. Ci sono altri temi proibiti, e a breve ne menzionerò qualcuno, ma l'atteggiamento prevalente nei confronti dell'Urss è di gran lunga il sintomo più serio. È, per così dire, spontaneo, e non dovuto all'azione di qualche gruppo di pressione.

Il servilismo con cui la maggior parte dell'intellighenzia inglese si è bevuta e ha ripetuto la propaganda russa dal 1941 in poi sarebbe piuttosto sorprendente se non fosse che si erano comportati in modo simile in varie occasioni precedenti. Su temi controversi, uno dopo l'altro, il punto di vista russo è stato accettato senza verifiche e divulgato trascurando completamente la verità storica o la decenza intellettuale. Per nominare un unico caso, la Bbc ha celebrato il 25° anniversario dell'Armata Rossa senza menzionare Trotsky. In quanto a correttezza, ciò è stato un po' come commemorare la battaglia di Trafalgar senza menzionare Nelson - eppure non ha suscitato alcuna protesta da parte dell'intellighenzia inglese.

Nei conflitti interni dei vari Paesi occupati, la stampa inglese è stata in quasi tutti i casi dalla parte della fazione favorita dai russi, diffamando quella avversaria, arrivando persino a sopprimere prove a tal fine. Un caso particolarmente grave fu quello del colonnello Mihailović, il capo iugoslavo cetnico. I russi, che avevano il maresciallo Tito come loro protetto, accusarono

Mihailović di aver collaborato con i tedeschi. Questa accusa venne prontamente accolta dalla stampa inglese: ai sostenitori di Mihailović non venne concessa l'opportunità di rispondere e i fatti che la contraddicevano vennero semplicemente omessi. Nel luglio del 1943 i tedeschi offrirono una ricompensa di 100.000 corone d'oro per la cattura di Tito e una pari ricompensa per la cattura di Mihailović. La stampa inglese pubblicò a caratteri cubitali la ricompensa per Tito, ma solo uno dei giornali menzionò, a caratteri piccoli, quella per Mihailović: e l'accusa di collaborazione con i tedeschi continuò. Cose molto simili accaddero durante la guerra civile spagnola. Anche allora le fazioni del lato repubblicano, che i russi erano determinati a schiacciare, furono diffamate spietatamente dalla stampa inglese di sinistra, e di qualsiasi affermazione in loro difesa, anche sotto forma di lettera, venne respinta la pubblicazione.

Ai giorni nostri, non solo le critiche dure all'Urss sono considerate riprovevoli, ma anche la semplice esistenza di tali critiche è tenuto in alcuni casi segreta. Per esempio, poco prima della sua morte, Trotsky aveva scritto una biografia di Stalin. Si può supporre che il libro non fosse completamente oggettivo, ma era certamente vendibile. Un editore americano aveva accettato di pubblicarlo e il libro era alle stampe - credo che le copie per recensioni fossero state inviate - quando l'Urss entrò nella guerra. Il libro venne immediatamente ritirato. Non una sola parola di tutto questo ha mai raggiunto la stampa inglese, sebbene l'esistenza di un tale libro e la sua soppressione meritassero qualche paragrafo.

È importante fare una differenza tra il genere di censura che l'intellighenzia letteraria inglese si autoimpone e il genere di censura che viene a volte imposta dai gruppi di pressione. È cosa risaputa che certi argomenti non possono essere discussi per via di determinati interessi personali. Il caso più tristemente noto è quello del racket dei brevetti farmaceutici. Ma anche la Chiesa cattolica, che ha considerevole influenza sulla stampa, può in qualche misura ridurre al silenzio le critiche ad essa rivolte. Uno scandalo che coinvolga un prete cattolico non viene quasi mai pubblicizzato, mentre quando è un prete anglicano ad essere nei guai (ad esempio il pastore di Stiffkey) la notizia arriva in prima pagina. È molto raro che qualunque opera di tendenza anticattolica appaia in scena o al cinema. Qualunque attore può confermare che un'opera teatrale o una pellicola che attacchi o metta in ridicolo la Chiesa cattolica tende a incorrere nel boicottaggio da parte della stampa e con ogni probabilità finirà per essere un fallimento. Questo genere di cose, però, è innocuo o quanto meno comprensibile. Qualunque grande organizzazione baderà ai propri interessi al meglio delle proprie possibilità e non si può obiettare alla propaganda scoperta. Non ci si aspetta che il *Daily Worker* [organo del Pcusa (*n.d.r.*)] pubblichi fatti sfavorevoli all'Urss, cosi come non ci si aspetta che il *Catholic Herald* denunci il Papa. Ma ogni persona dotata di buonsenso conosce il *Daily Worker* e il *Catholic Herald* per quello che sono. Ciò che preoccupa è che per quanto riguarda l'Urss e la sua politica non ci si può aspettare critiche intelligenti e, in molti casi, nemmeno semplice onestà da parte di scrittori e giornalisti liberali [*Liberal*] sui quali non viene esercitata alcuna pressione per falsificare le loro opinioni. Stalin è sacrosanto e certi aspetti della sua politica non vanno posti seriamente in discussione.

Questa regola è stata osservata quasi universalmente dal 1941, ma era già in vigore, più di quanto spesso venga riconosciuto, da una decina d'anni. All'epoca, le critiche al regime sovietico *da sinistra* trovavano difficilmente ascolto. C'era un enorme afflusso di letteratura antirussa, ma questa era prodotta quasi per intero dal punto di vista conservatore e chiaramente disonesta, superata e con sordide motivazioni. Dall'altra parte vi era una quantità ugualmente enorme e quasi ugualmente disonesta di propaganda filosovietica, con il boicottaggio effettivo di chiunque tentasse di discutere come persone adulte temi fondamentali. Certo, si potevano pubblicare libri antirussi, ma farlo garantiva che si sarebbe stati ignorati o che le proprie idee sarebbero state travisate da quasi tutta la stampa intellettuale. Sia in pubblico che in privato si veniva ammoniti che «non stava bene» farlo. Ciò che hai detto potrebbe anche essere vero, ma era «inopportuno» e faceva il gioco di questo o quell'altro interesse reazionario. Tale atteggiamento di solito era difeso con la motivazione che il quadro internazionale e l'urgente bisogno di un'alleanza anglorussa lo richiedevano; ma era chiaro che si trattava di una razionalizzazione. L'intellighenzia inglese, o una buona parte di essa, aveva sviluppato una lealtà nazionalistica nei confronti dell'Urss e nel proprio cuore sentivano che gettare qualsiasi dubbio sulla saggezza di Stalin fosse come bestemmiare. Ciò che avveniva in Russia andava giudicato secondo criteri diversi rispetto al resto del mondo. Le innumerevoli esecuzioni durante le grandi purghe del 1936-8 furono applaudite dalle stesse persone che da sempre erano state contrarie alla pena capitale; ed era considerato corretto pubblicizzare le carestie quando avevano luogo in India e non farne parola quando avvenivano in Ucraina. E se questo era vero prima della guerra, l'atmosfera intellettuale non è di certo migliore attualmente.

Ma ora torniamo a questo mio libro. La reazione che susciterà nella maggior parte degli intellettuali inglesi sarà piuttosto semplice: «Non doveva essere pubblicato». Naturalmente, chi tra i recensori conosce l'arte della denigrazione non attaccherà il libro su basi politiche, bensì letterarie. Diranno che è un libro sciocco e noioso, e un vergognoso spreco di carta. Questo potrebbe benissimo essere vero, ma non è che una parte della storia. Non si dice che un libro «non doveva essere pubblicato» solo perché si tratta di un brutto libro. Dopotutto, chilometri di spazzatura vengono stampati ogni giorno e a nessuno importa. L'intellighenzia inglese, o gran parte di essa, avrà da obiettare a proposito di questo libro perché diffama il loro Capo e (per come vedono loro la cosa) nuoce alla causa del progresso. Se facesse il contrario non avrebbero nulla da ridire, anche se le lacune letterarie fossero dieci volte peggiori. Il successo, per esempio, del *Left Book Club* per un periodo di quattro o cinque anni mostra quanto siano disposti a tollerare sia la scurrilità sia la scrittura trasandata fintantoché dica ciò che che vogliono sentire.

Il problema qui in discussione è piuttosto semplice: ogni opinione, per quanto impopolare - per quanto stupida, al limite - ha il diritto di essere ascoltata? Messa in questi termini quasi ogni intellettuale inglese si sentirà in dovere di rispondere alla domanda con un «Sì». Date, però, alla domanda una forma concreta e chiedete «Che ne dite di un attacco a Stalin? Quello ha il diritto di essere ascoltato?», e la risposta il più delle volte sarà un «No». In quel caso accade che l'ortodossia corrente viene sfidata e quindi il principio di libertà di parola viene fatto crollare. Ora, quando si pretende la libertà di parola e di stampa, non si chiede una libertà assoluta. Ci deve sempre essere, o ci sarà in ogni modo sempre qualche grado di censura, finché vi saranno delle società organizzate. La libertà, però, come disse Rosa Luxembuurg, è «libertà per gli altri». Lo stesso principio è contenuto nelle famose parole di Voltaire: «Detesto ciò che dici; difenderò fino alla morte il tuo diritto di dirlo». Se la libertà intellettuale, che è senza dubbio uno dei segni distintivi della civiltà occidentale, ha un qualunque significato, è che tutti avranno il diritto di dire e stampare ciò che credono essere vero, ammesso soltanto che non nuoccia al resto della comunità in modo inequivocabile. Sia la democrazia capitalistica sia le versioni occidentali del socialismo hanno fino a poco fa dato per scontato questo principio. Il nostro governo, come ho già fatto notare, fa ancora finta di rispettarlo. La gente comune, l'uomo della strada - in parte, forse, perché non è abbastanza interessata alle idee, al punto di divenire intollerante nei loro confronti - sostiene ancora vagamente di «immaginare tutti abbiano il diritto alla propria opinione». Sono solo, o quantomeno principalmente, l'intellighenzia letteraria e scientifica, le stesse persone che dovrebbero essere guardiani della libertà, coloro che iniziano a disprezzarla, sia in teoria che in pratica.

Uno dei fenomeni caratteristici del nostro tempo è il liberale rinnegato. Oltre e al di là della nota affermazione marxista che la libertà borghese è un'illusione, vi è ora una diffusa tendenza ad affermare che la democrazia la si può difendere solo mediante metodi totalitari. Il ragionamento è il seguente: se si ama la democrazia, bisogna schiacciarne i nemici con ogni mezzo possibile. E chi sono questi nemici? Sembra non si tratti solo di coloro che l'attaccano apertamente e coscientemente, ma anche di chi la mette oggettivamente in pericolo attraverso la diffusione di dottrine sbagliate. In altre parole, la difesa della democrazia suppone la completa distruzione dell'indipendenza di pensiero. Questo argomento venne, infatti, utilizzato per giustificare la purghe russe. Nemmeno il più fervente fra i russofili credeva che tutte le vittime fossero colpevoli delle innumerevoli accuse a loro carico; ma il fatto di avere opinioni eretiche nuoceva oggettivamente al regime e quindi fu giusto non solo massacrarli, ma anche screditarli con false accuse. Lo stesso argomento è stato utilizzato anche per giustificare le menzogne coscientemente ripetute dalla stampa di sinistra a proposito dei trotskisti e di altre minoranze repubblicane nella Guerra civile spagnola. E fu ancora usato come motivo per sbraitare contro l'*habeas corpus* quando Mosley* venne rilasciato nel 1943.

Queste persone non si rendono conto che, se incoraggi metodi totalitari, potrebbe arrivare il momento in cui questi verranno utilizzati contro di te invece che a tuo favore. Facendo l'abitudine a imprigionare i fascisti senza processo, si corre il rischio che questa abitudine non si fermi ai soli fascisti. Subito dopo la fine del bando contro il *Daily Worker*, mi trovai a tenere una conferenza presso un'università per lavoratori nel sud di Londra. Il pubblico era composto da intellettuali di origine operaia e di classe medio-bassa, lo stesso genere di pubblico che si poteva incontrare nelle filiali del *Left Book Club*. La conferenza aveva toccato la libertà di stampa e alla fine, con mio stupore, vari si sono alzati e mi hanno domandato se non pensassi che revocare il bando contro

* Oswald Ernald Mosley (1896-1980), fondatore nel 1932 della *British Union of Fascists*, formazione politica di estrema destra, vicina al movimento fascista di Mussolini [*n.d.r.*].

il *Daily Worker* fosse un grave errore. Quando chiesi il perché, dissero che si trattava di un giornale di dubbia lealtà e che non andava tollerato in tempi di guerra. Mi trovai a difendere il *Daily Worker*, un giornale che si è dato molto da fare per diffamarmi in più occasioni. Ma dove avevano imparato queste persone un punto di vista così fondamentalmente totalitario? È piuttosto chiaro che devono averlo imparato dai comunisti stessi! Tolleranza e decenza hanno radici profonde nella cultura inglese ma non sono indistruttibili e vanno tenute in vita in parte attraverso uno sforzo cosciente. La predica di dottrine totalitarie ha l'effetto di indebolire l'istinto per il cui tramite la gente libera distingue se qualcosa è pericoloso oppure no. Il caso di Mosley ne è un chiaro esempio. Nel 1940 era perfettamente giusto detenere Mosley, che avesse o meno tecnicamente commesso un crimine. Stavamo lottando per le nostre vite e non potevamo permettere che un potenziale collaborazionista andasse libero. Tenerlo rinchiuso, senza processo, nel 1943 fu invece un vero oltraggio. Che la maggior parte della popolazione non l'abbia pensato, è un brutto sintomo, anche se è vero che l'agitazione contro il rilascio di Mosley fu in parte fittizia e in parte una razionalizzazione di altre ragioni di scontento. Ma in quale misura lo slittamento attuale verso una mentalità fascista si può ricondurre all'antifascismo degli ultimi dieci anni e alla mancanza di scrupoli che esso ha implicato?

È importante rendersi conto che la presente russomania è solo un sintomo del generale indebolimento della tradizione liberale occidentale. Se il Ministero dell'informazione fosse intervenuto con un veto definitivo per la pubblicazione di questo libro, il grosso dell'intellighenzia inglese non vi avrebbe visto nulla di preoccupante. Si dà il caso che la devozione acritica all'Urss sia l'ortodossia corrente, e laddove sono coinvolti i suoi interessi si è disposti a tollerare non solo la censura, ma anche la falsificazione deliberata della storia. Vediamone un esempio. Alla morte di John Reed, autore di *Dieci giorni che sconvolsero il mondo* - un resoconto di prima mano dell'inizio della Rivoluzione russa - il copyright del libro passò nelle mani del Partito comunista britannico, al quale mi risulta Reed l'abbia lasciato in eredità. Qualche anno più tardi, dopo aver distrutto l'edizione originale del libro al meglio delle loro capacità, i comunisti britannici ne pubblicarono una versione rimaneggiata dalla quale avevano eliminato ogni menzione di Trotsky e omesso l'introduzione scritta da Lenin. Se un'intellighenzia radicale fosse ancora esistita in Inghilterra, quest'atto di falsificazione sarebbe stato rivelato e denunciato in ogni giornale letterario del Paese. Le proteste invece furono ben poche, per non dire inesistenti. A molti intellettuali inglesi sembrò una cosa ben naturale da farsi. E questa tolleranza di una pura e semplice disonestà significa ben più del fatto che l'ammirazione per la Russia sia attualmente di moda. È molto probabile che questa particolare moda non duri. Per quanto ne sappia, può darsi che quando questo libro sarà pubblicato la mia opinione sul regime sovietico sia diventata quella prevalente. Ma questo, di per sé, a cosa servirebbe? Scambiare un'ortodossia con un'altra non è necessariamente un progresso. Il nemico è la mentalità da grammofono, che uno sia o meno d'accordo col disco che sta suonando in quel momento.

Conosco benissimo tutti gli argomenti contro la libertà di pensiero e parola - quelli secondo i quali non può esistere e quelli secondo i quali non dovrebbe esistere. Mi limito a rispondere che non mi convincono e che negli ultimi quattrocento anni la nostra civiltà è stata fondata sul principio opposto. È da un decennio che sono convinto che l'attuale regime russo sia fondamentalmente un male e rivendico il diritto di dirlo nonostante siamo alleati con l'Urss in una guerra da cui spero usciremo vincitori. Se dovessi scegliere un testo per giustificarmi, sceglierei il verso di Milton:

*By the known rules of ancient liberty**.

La parola «antica» evidenzia il fatto che la libertà intellettuale è una tradizione dalle radici profonde senza la quale difficilmente potrebbe esistere la nostra tipica cultura occidentale. Molti dei nostri intellettuali si stanno visibilmente discostando da questa tradizione. Hanno accettato il principio secondo cui un libro si dovrebbe pubblicare, sopprimere, lodare o condannare non sulla base dei suoi meriti ma a seconda della convenienza politica. E altri che, pur non condividendo

* «Secondo le noti leggi dell'antica libertà»: secondo verso del 12° *Sonnet* (1645) di John Milton [*n.d.r.*].

veramente questo punto di vista, l'accettano per pura vigliaccheria. Ne è un buon esempio il fatto che i numerosi e rumorosi pacifisti inglesi abbiano mancato di alzare la voce contro il culto imperante del militarismo russo. Secondo questi pacifisti, ogni genere di violenza è malvagia, e hanno insistito a ogni fase del conflitto che ci arrendessimo o almeno che cercassimo una pace di compromesso. Ma quanti di loro hanno suggerito che la guerra è anche malvagia quando è l'Armata Rossa a intraprenderla? Sembrerebbe che i Russi abbiano il diritto di difendersi mentre se siamo noi a farlo si tratta di un peccato mortale.

Questa contraddizione si può spiegare in un unico modo, e cioè con il desiderio vigliacco di stare dalla parte della maggioranza dell'intellighenzia, il cui patriottismo è diretto verso l'Urss piuttosto che l'Inghilterra. So che l'intellighenzia inglese ha ragioni in abbondanza per la propria viltà e disonestà: conosco infatti a memoria gli argomenti che usano per giustificarsi. Finiamola però con le sciocchezze sul difendere la libertà contro il fascismo. Se la libertà ha un significato, è di poter dire alle persone ciò che non vogliono sentire. La gente comune aderisce ancora vagamente a questa dottrina e agisce di conseguenza. Nel nostro Paese - non è lo stesso in tutti i Paesi: così non fu nella Francia repubblicana e così non è oggigiorno negli Usa - sono i liberali ad aver paura della libertà e gli intellettuali a voler infangare l'intelletto: è per attirare l'attenzione su questo su tale fatto che ho scritto questa prefazione.

«Prefazione» all'edizione ucraina*

Mi è stato chiesto di scrivere una prefazione per la traduzione in ucraino di *Animal Farm*. Sono consapevole di scrivere per dei lettori dei quali non so nulla, ma anche che nemmeno loro hanno mai avuto la benché minima possibilità di avere notizie su di me.

* Con «Ukrainian Edition» s'intende un'edizione in lingua ucraina e non in Ucraina. Diamo di seguito la nota esplicativa posta dalla Penguin nella sua recente edizione del libro di Orwell, in cui è stata inserita anche questa Prefazione (si veda il sito di O. Dag).

Nota dell'edizione Penguin: La traduzione in ucraino di *Animal Farm* era diretta agli Ucraini presenti nei campi profughi organizzati in Germania sotto responsabilità britannica e statunitense alla fine della Seconda guerra mondiale. Come è indicato in una lettera scritta da chi aveva organizzato la traduzione e la distribuzione - Ihor Szewczenko [Igor' Ševčenko] - queste erano persone che avevano appoggiato la Rivoluzione d'ottobre e che erano decise a difendere le sue conquiste, ma si opponevano al «bonapartismo controrivoluzionario di Stalin» e allo «sfruttamento nazionalistico russo del popolo ucraino». Era gente semplice, contadini e operai, alcuni di media formazione scolastica, ma tutti desiderosi di leggere. Per queste persone fu chiesto a Orwell di scrivere un'introduzione speciale. L'originale è andato perduto e quindi qui viene fornita la riconversione del testo dall'ucraino all'inglese. Orwell non volle diritti d'autore per questa edizione, né li volle per altre traduzioni rivolte a gente troppo povera per comprare il suo libro (per es. le edizioni in persiano e telugu). Orwell stesso coprì i costi di produzione dell'edizione in russo stampata su carta sottile, rivolta ai soldati e altre persone al di là della Cortina di ferro.

Ci si aspetta probabilmente che in questa prefazione io dica qualcosa su come è nato *Animal Farm*; ma prima vorrei dire qualche parola riguardo a me e alle esperienze attraverso le quali sono arrivato alle mie idee politiche.

Sono nato in India nel 1903. Mio padre era lì un funzionario dell'Amministrazione inglese e la mia famiglia era una di quelle famiglie di ceto medio da cui provenivano militari, clero, funzionari governativi, insegnanti, avvocati, medici ecc. Ho fatto i miei studi a Eton, la più costosa e la più snob delle Scuole pubbliche inglesi*. Ma vi entrai solo grazie a una borsa di studio, perché mio padre non si sarebbe potuto permettere di mandarmi in una scuola di quel genere.

Poco dopo la fine della scuola (non avevo ancora vent'anni) mi trasferii in Birmania ed entrai nella Polizia imperiale indiana. Era un corpo di polizia arma-

* Non sono «Scuole nazionali» pubbliche, ma piuttosto il contrario: collegi d'istruzione secondaria selettivi e costosi, sparsi lontani dalle città. Fino a tempi recenti essi ammettevano quasi solo figli delle ricche famiglie aristocratiche. Era il sogno dei nuovi ricchi, dei banchieri del diciannovesimo secolo, spedire i propri figli in tali Scuole pubbliche. In questi istituti l'enfasi maggiore è posta sullo sport che conferisce una formazione, per così dire, signorile, severa e da gentiluomini. Tra queste scuole Eton è particolarmente celebre. Si dice che Wellington abbia affermato che la vittoria di Waterloo era stata decisa sui campi da gioco di Eton. Fino a poco tempo fa, la stragrande maggioranza di coloro che, in un modo o in un altro, hanno governato l'Inghilterra proveniva da Scuole pubbliche di questo tipo [*nota di Orwell*].

to, una specie di gendarmeria, molto simile alla *Guardia civil* spagnola o alla *Garde mobile* in Francia. Rimasi in servizio per cinque anni. Non era fatta per me e mi portò a odiare l'imperialismo, anche se all'epoca il nazionalismo in Birmania non era così forte e i rapporti tra Inglesi e Birmani non erano particolarmente ostili. Durante un congedo in Inghilterra, nel 1927, mi dimisi dal servizio e decisi di diventare uno scrittore: agli inizi senza grandi successi.

Nel 1928-29 vissi a Parigi, scrivendo racconti e romanzi che nessuno volle pubblicare (li ho poi tutti distrutti). Negli anni seguenti vissi alla giornata, patendo la fame di tanto in tanto. Solo a partire dal 1934 fui in grado di tirare avanti con ciò che guadagnavo dai miei lavori. Mi è capitato anche di vivere per interi mesi nel mondo dei poveri e dei piccoli criminali che abitano i quartieri peggiori o battono le strade come mendicanti o ladri. All'epoca mi trovavo in mezzo a loro per mancanza di soldi, ma in seguito sviluppai un interesse per il loro modo di vita in quanto tale. Passai molti mesi a studiare (più sistematicamente in questo caso) le condizioni dei minatori nel Nord dell'Inghilterra.

Fino al 1930 non mi ero considerato affatto un socialista. In realtà non avevo ancora delle precise idee politiche. Diventai filosocialista più per il disgusto che provavo verso il modo in cui i settori più poveri del proletariato industriale venivano oppressi e maltrattati, che per un'ammirazione teorica nei riguardi della pianificazione sociale.

Nel 1936 mi sposai. Quasi la stessa settimana scoppiò la Guerra civile spagnola, e mia moglie ed io decidemmo di andare in Spagna per combattere dalla parte del Governo repubblicano.

Fummo pronti in sei mesi, appena ebbi finito il libro che stavo scrivendo. In Spagna rimasi quasi sei mesi sul fronte di Aragona, finché a Huesca un cecchino fascista con un colpo mi trapassò la gola.

Nel primo periodo della guerra gli stranieri erano completamente all'oscuro delle lotte intestine tra i vari partiti politici che sostenevano il Governo. Per una serie di circostanze io non aderii alle Brigate internazionali [dominate dagli staliniani (*n.d.r.*)] come faceva la maggioranza degli stranieri, ma alle milizie del Poum [*Partido obrero de unificación marxista* diretto da Andrés Nin (*n.d.r.*)] - cioè dei trotskisti spagnoli.

Così, quando a metà del 1937 i comunisti ottennero il controllo (o il controllo parziale) del Governo spagnolo e cominciarono a dare la caccia ai trotskisti, noi due ci trovammo tra i perseguitati. Fummo abbastanza fortunati da poter uscire vivi dalla Spagna senza essere arrestati nemmeno una volta. Molti dei nostri amici, invece, furono fucilati, altri trascorsero lunghi periodi in prigione, altri ancora semplicemente scomparvero.

Questa caccia all'uomo in Spagna si svolse nella stessa epoca delle grandi purghe in Urss e ne fu una sorta di complemento. In Spagna come in Russia la natura delle accuse (vale a dire, cospirazione con i fascisti) era la stessa e io avevo tutte le ragioni per credere, almeno per quanto riguardava la Spagna, che esse fossero false. L'esperienza di tutto ciò fu una preziosa lezione oggettiva: m'insegnò quanto facilmente la propaganda totalitaria può controllare nei paesi democratici l'opinione di persone per quanto dotate di cultura.

Mia moglie ed io vedemmo degli innocenti gettati in prigione solo perché sospettati di non rispettare l'ortodossia. Eppure, al nostro ritorno in Inghilterra trovammo molte persone, sensibili e ben informate, che prestavano fede ai più incredibili racconti di cospirazioni, tradimenti e sabotaggio che la stampa riportava dai processi di Mosca.

Fu così che capii, più chiaramente che mai, quale influenza negativa il mito sovietico avesse sul movimento socialista occidentale.

Ma qui devo concedermi una pausa per descrivere il mio atteggiamento verso il regime sovietico.

Non sono mai stato in Russia e di quel Paese conosco solo ciò che si può apprendere leggendo libri e riviste. Anche se ne avessi la forza, non vorrei interferire con le questioni interne dell'Urss: non condannerei quindi Stalin e i suoi collaboratori solo per i loro metodi barbari e antidemocratici. È anche possibile che, sia pure con le migliori intenzioni, essi non avrebbero potuto agire diversamente nella situazione lì esistente.

D'altro canto, però, era per me della massima importanza che la gente in Europa occidentale avesse la possibilità di vedere il regime sovietico come esso è realmente. Fin dal 1930 avevo visto ben poche prove che l'Urss stesse avanzando verso qualcosa che si potesse sinceramente chiamare Socialismo. Al contrario, ero colpito dai segni evidenti della sua trasformazone in una società gerarchica, in cui i governanti non avevano più alcun motivo per rinunciare al proprio potere alla pari di qualsiasi altra classe dominante. Del resto, gli operai e l'intellighenzia di un paese come l'Inghilterra non possono rendersi conto che l'Urss attuale è completamente diversa da ciò che era stata nel 1917. Ciò è dovuto, in parte, al fatto che non vogliono capire (cioè, vogliono credere che da qualche parte esista realmente un paese autenticamente socialista) e, in parte, al fatto che, essendo abituati a una relativa libertà e moderazione nella vita pubblica, il totalitarismo è assolutamente incomprensibile per loro.

Tuttavia, si dovrebbe tenere a mente che l'Inghilterra non è poi così democratica. È anche un paese capitalistico con grandi privilegi di classe e (anche ora, dopo una guerra che ha dato un forte impulso alla livellazione generale) con grandi differenze di reddito. Ciò nonostante è un paese in cui la popolazione ha vissuto unita per vari secoli senza grandi conflitti interni, in cui le leggi sono relativamente giuste, in cui le notizie e le statistiche ufficiali sono abbastanza attendibili e in cui, ultimo ma non meno importante, il dar voce a posizioni di minoranza non implica un pericolo mortale. In una simile atmosfera, l'uomo della strada non può avere una piena comprensione di cose come i campi di concentramento, le deportazioni di massa, gli arresti senza processo, la censura della stampa ecc. Tutto ciò che legge riguardo a un paese come l'Urss viene automaticamente tradotto in termini inglesi ed egli del tutto innocentemente accetta le menzogne della propaganda totalitaria. Fino al 1939 e anche dopo, la maggioranza degli Inglesi non è stata capace di comprendere la vera natura del regime nazista in Germania, e attualmente, col regime sovietico, si trova in larga misura ancora in preda allo stesso tipo di illusione.

Ciò ha provocato dei grandi danni al movimento socialista in Inghilterra e ha avuto gravi conseguenze per la politica estera inglese. In realtà, a mio avviso, nulla ha contribuito così tanto alla corruzione dell'idea originaria del socialismo come il fatto di credere che la Russia sia un paese socialista e che quindi ogni atto dei suoi governanti vada giustificato, se non imitato.

Da una decina d'anni sono convinto che la distruzione del mito sovietico sia essenziale se desideriamo una ripresa del movimento socialista.

Al mio ritorno dalla Spagna ho pensato di smascherare il mito sovietico tramite una storia che potesse essere facilmente compresa da quasi tutti e che fosse agevolmente traducibile in altre lingue. I particolari concreti della vicenda mi vennero però in mente il giorno in cui (allora vivevo in un piccolo villaggio) vidi un bambino sui dieci anni che spingeva per un angusto viottolo un enorme cavallo da tiro, frustandolo ogni volta che cercava di voltarsi. Mi colpì l'idea che se animali come quello riuscissero ad acquistare coscienza della propria forza saremmo impotenti contro di loro, e che gli uomini sfruttano gli animali in modo analogo a come i ricchi sfruttano i proletari.

Presi allora ad analizzare la teoria marxista dal punto di vista degli animali. Mi è apparso chiaro che per questi ultimi il concetto di lotta di classe fra esseri umani non è altro che un inganno, poiché ogni volta che è stato necessario sfruttare gli animali, tutti gli uomini si sono trovati uniti contro di loro: la vera lotta è quella fra animali ed esseri umani. Partendo da questo assunto iniziale, non è stato difficile elaborare il racconto. Ho trovato il tempo di scriverlo solo nel 1943 perché prima ero troppo impegnato con altri lavori che non mi lasciavano il tempo; e nel finale ho incluso degli avvenimenti, come per es. la Conferenza di Teheran, che si stavano svolgendo mentre scrivevo. Sicché le linee generali del racconto erano rimaste nella mia mente per un periodo di sei anni, prima di metterle per iscritto.

Sull'opera non voglio fare commenti; se non parla da sola è un fallimento. Ma vorrei evidenziare due punti: il primo è che, per la simmetria del racconto, i vari episodi, pur essendo tratti da fatti reali della Rivoluzione russa, vengono presentati in modo schematico e secondo un diverso ordine cronologico. Il secondo punto è passato inosservato a molti critici, forse perché non l'ho sottolineato a sufficienza. Alcuni lettori possono riportare l'impressione che il libro termini con la completa riconciliazione fra i maiali e gli esseri umani. Non intendevo dire questo; al contrario, io volevo che finisse con una stridente nota di discordia, poiché ho scritto quella parte immediatamente dopo la Conferenza di Teheran, che tutti pensavano avesse stabilito le migliori relazioni possibili fra l'Urss e l'Occidente. Personalmente non credevo che tali rapporti sarebbero rimasti buoni a lungo; e come i fatti hanno poi dimostrato, non sbagliavo di molto.

Non so cos'altro potrei aggiungere. Se qualcuno è interessato a dettagli personali, potrei dire anche che sono vedovo con un figlio di quasi tre anni, che di professione sono scrittore e che dall'inizio della guerra ho lavorato soprattutto come giornalista.

La rivista alla quale collaboro più regolarmente è *Tribune*, un settimanale sociopolitico che rappresenta, generalmente parlando, l'ala sinistra del Partito laburista. Questi sono alcuni dei miei libri che potrebbero interessare il lettore normale (ammesso che il lettore di questa traduzione riesca a trovarne copia): *Burmese days* (un racconto sulla Birmania), *Homage to Catalonia* (nato dalle mie esperienze nella Guerra civile spagnola) e *Critical essays* (saggi riguardanti soprattutto la letteratura popolare inglese contemporanea e che sono più interessanti dal punto di vista sociologico che non letterario).

[in *Complete Works*, XIX, pp. 86-9]

«Possono i socialisti essere felici?»*

Il Natale ci fa pensare quasi automaticamente a Charles Dickens, e per due buone ragioni. La prima è che è uno dei pochi scrittori inglesi ad aver scritto sul Natale, che è la festa più amata dagli inglesi, ma ha ispirato poche opere letterarie. Ci sono i canti, i Christmas Carols, quasi tutti di origini medievali; c'è una manciata di poesie di Robert Bridges, T.S. Eliot e qualche altro, c'è Dickens; e poco più. La seconda ragione è che tra gli scrittori moderni Dickens è uno dei pochi, quasi l'unico, a offrire un'immagine convincente della felicità.

Dickens ha parlato del Natale due volte, in un capitolo di *The Picwick papers* e in *Christmas carol*. Quest'ultimo racconto venne letto a Lenin morente che, secondo la moglie, ne trovò del tutto intollerabile

* «Can Socialists be happy?», in *Tribune*, 20 dic. 1943. Dal libro dei conti di Orwell risulta che il 20 dic. 1943 ricevette 5,5 sterline per un articolo di 200 parole scritto per il *Tribune*, pubblicato con la. firma di «John Freeman» (pseudonimo non identificabile con un «vero» John Freeman, futuro editore del *New Statesman*). Se non vi sono più dubbi sull'attribuzione di questo inedito a Orwell, si ignorano le ragioni per l'adozione dello pseudonimo. L'articolo è stato inserito nei *Collected Essays, Journalism and Letters of George Orwell* (Harcourt Brace Jovanovich, New York 1968) e in italiano lo ha pubblicato incompleto il *Corriere della Sera* (16 dic. 2008), nella traduzione di Maria Sepa che qui abbiamo rivisto e integrato delle parti mancanti [*n.d.r.*].

«il sentimentalismo borghese». In un certo senso aveva ragione, ma se fosse stato in condizioni di salute migliori si sarebbe forse accorto che quel racconto ha dei risvolti sociologici interessanti. Anzitutto, per quanto Dickens calchi la mano e il «sentimentalismo» di Tiny Tim possa sembrare sgradevole, la famiglia Cratchit pare proprio divertirsi. Ha l'aria felice, a differenza, per esempio, dei cittadini di *News from Nowhere* di William Morris. Inoltre, la loro felicità deriva soprattutto dal contrasto, e il fatto che Dickens se ne renda conto è uno dei segreti della sua forza. Sono contenti perché una volta tanto hanno cibo in abbondanza. Il lupo è alla porta, ma sta scodinzolando. Il vapore del pudding natalizio aleggia su uno scenario fatto di banchi di pegni e di duro lavoro e accanto alla tavola imbandita il fantasma di Scrooge è sempre presente. Bob Cratchit vuole perfino brindare alla salute di Scrooge, cosa che la signora Cratchit, giustamente, rifiuta di fare. I Cratchit riescono a godersi il Natale proprio perché viene solo una volta all'anno. La loro felicità è convincente proprio per questo. La loro felicità è convincente perché è descritta come provvisoria.

Tutti i tentativi di descrivere una condizione di felicità permanente, d'altro canto, si sono risolti in un fallimento. Le Utopie (a proposito, la parola Utopia non significa «bel luogo», ma «luogo inesistente ») sono comparse spesso nella letteratura degli ultimi tre o quattrocento anni, ma quelle «positive» sono immancabilmente poco attraenti, e di solito anche prive di vitalità.

Le Utopie moderne di gran lunga più note sono quelle di H.G. Wells. La visione del futuro prefigurata da Wells è enunciata appieno in due libri scritti all'inizio degli anni Venti, *The Dream* e *Men Like Gods*. Vi si trova un'immagine del mondo che a Wells sarebbe piaciuto, o che pensava gli sarebbe piaciuto. È un mondo in cui le note dominanti sono l'edonismo illuminato e la curiosità scientifica. Tutti i mali e le miserie di cui soffriamo sono scomparsi. L'ignoranza, la guerra, la povertà, la sporcizia, la malattia, la frustrazione, la fame, la paura, la fatica opprimente, la superstizione non ci sono più. Così descritto, non potremmo negare che sia il genere di mondo a cui tutti aspiriamo. Tutti noi vogliamo abolire quel che Wells vuole abolire. Ma c'è qualcuno che voglia veramente vivere in un'Utopia wellsiana? È semmai il contrario: non dover vivere in un mondo come quello è ormai diventata una questione politica ben presente.

Un libro come *Brave new world* [*Prode mondo nuovo*, di A. Huxley, Massari ed. 2015 (*n.d.r.*)] è espressione della paura che l'uomo moderno nutre nei confronti della società edonistica razionalizzata che ha il potere di creare. Uno scrittore cattolico ha affermato recentemente che le Utopie sono oggi tecnicamente possibili, e che ora il vero problema è come evitarle. Non possiamo limitarci a ritenere ridicola quest'osservazione e ignorarla, perché una delle molle del movimento fascista è proprio il desiderio di evitare un mondo troppo razionale e comodo.

Tutte le Utopie «positive» sembrano simili nell'ipotizzare la perfezione ed essere incapaci di dare un'idea della felicità. *News from Nowhere* è una specie di versione edulcorata dell'Utopia wellsiana. Tutti sono gentili e ragionevoli, la tappezzeria viene tutta da Liberty, il miglior negozio, ma si avverte una vaga malinconia. Colpisce, però, che neanche Jonathan Swift, uno degli scrittori più ricchi d'immaginazione, riesca meglio degli altri a costruire un'Utopia «positiva».

La prima parte dei *Gulliver's travels* è probabilmente la critica più feroce alla società umana che sia mai stata scritta. Ogni parola di quel libro è ancora attuale; a tratti vi si trovano prefigurazioni dettagliate degli orrori politici del nostro tempo. Swift fallisce, però, quando cerca di presentarci una razza di individui che suscitano la sua ammirazione. Nell'ultima parte, in antitesi agli sgradevoli Yahoo, vengono mostrati i nobili Houyhnhnms, cavalli intelligenti e privi delle debolezze umane. Questi cavalli, nonostante il loro spirito elevato e l'infallibile buon senso, sono creature piuttosto noiose. Come gli abitanti di tante altre Utopie, si preoccupano soprattutto di evitare i problemi.

Conducono vite monotone, controllate, «ragionevoli», libere non solo dai litigi, dal disordine o da incertezze di ogni genere, ma anche dalla «passione», compreso l'amore fisico. Scelgono i compagni seguendo principi eugenetici, evitano gli eccessi dei sentimenti, e sembrano quasi contenti di morire quando giunge la loro ora. All'inizio del libro Swift mostra dove la follia e la ribalderia portano l'uomo: ma se si eliminano la follia e la ribalderia, ciò che rimane sembra essere un'esistenza tiepida, che non ha molto senso vivere.

I tentativi di descrivere l'approdo a una felicità ultraterrena non hanno avuto maggiore successo. Come utopia il Paradiso è un fiasco, mentre l'Inferno occupa una posizione ragguardevole in letteratura, ed è stato spesso descritto in modo dettagliato e convincente.

Sappiamo bene che il Paradiso cristiano, come è di solito rappresentato, non attrarrebbe nessuno. Quasi tutti gli scrittori cristiani, quando parlano del Paradiso, dicono sinceramente che è indescrivibile oppure evocano una scena fatto di oro, pietre preziose e interminabile canto di inni. È però vero che ciò ha ispirato alcuni dei versi più belli al mondo:

Thy walls are of chalcedony,
thy bulwarks diamonds square,
thy gates are of right orient pearl
exceeding rich and rare!

[Anonimo, 1601 (*n.d.r.*)]

Oppure

Holy, holy, holy, all the saints adore Thee,
casting down their golden crowns about the glassy sea,
cherubim and seraphim falling down before Thee,
that wast, and art, and evermore shalt be!

[Reginald Heber, 1783-1826 (*n.d.r.*)]

Ma ciò che non poteva fare era descrivere una condizione in cui un comune essere umano avrebbe desiderato ardentemente venirsi a trovare. Molti pastori revivalisti, molti preti gesuiti (vedi per es. il tremendo sermone nel *Portrait of the Artist* di James Joyce) hanno spaventato a morte i fedeli con le loro rappresentazioni dell'Inferno. Ma quando si passa al Paradiso, si torna invariabilmente a valersi di parole come «estasi» e «beatitudine», senza fare molto per cercare di spiegare in che cosa consistano. Forse il passo più vitale su questo argomento è quello, famoso, di Tertulliano, in cui si dice che una delle maggiori gioie del Paradiso è guardare le torture dei dannati. Le versioni pagane del Paradiso sono forse un po' migliori. Si ha la sensazione che nei campi elisi ci sia sempre il tramonto. L'Olimpo, dove vivevano gli dei, con il nettare e l'ambrosia, le ninfe ed Ebe, «puttane immortali» come le ha chiamate D.H. Lawrence, potrà essere un po' più interessante del Paradiso cristiano, ma non fa venir voglia di passarci molto tempo. Il Paradiso musulmano, con le sue 77 urì (vergini) per ogni uomo, tutte presumibilmente desiderose di attenzioni allo stesso momento, è un vero e proprio incubo. Nemmeno gli spiritualisti, che ci assicurano di continuo che «tutto è luminoso e bello», riescono a descrivere una qualche attività dell'altro mondo che una persona avveduta possa trovare, se non attraente, almeno sopportabile.

Nello stesso modo si risolvono i tentativi di descrivere la perfetta felicità che non siano né utopistici né ultraterreni, ma semplicemente sensuali. Danno sempre l'impressione di essere vuoti o volgari, o entrambe le cose. All'inizio de *La Pucelle d'Orléans*, Voltaire descrive la vita di Carlo IX con la sua amante Agnes Sorel. Erano «sempre felici», dice. E in cosa consisteva la loro felicità? Un susseguirsi incessante di feste, libagioni, partite di caccia e amplessi. Chi, dopo qualche settimana, non si stancherebbe di un'esistenza simile?

Rabelais parla delle anime fortunate che si divertono nell'aldilà, come consolazione per essersela passata male in questo mondo. Cantano una canzone che si potrebbe grossolanamente tradurre così: «Saltare, danzare, far scherzi, bere vino bianco e rosso, e non far niente tutto il giorno se non contare monete d'oro». Che noia, in fin dei conti! L'idea vana del divertimento senza fine è ben raffigurata nel quadro di Brueghel *Il paese di cuccagna* [1567 (*n.d.r.*)], dove tre grassoni giacciono addormentati uno accanto all'altro, tra uova sode e cosce di pollo pronte a farsi mangiare.

Sembra che gli esseri umani non sappiano descrivere, né forse immaginare, la felicità se non in termini di contrasto con un'opposta condizione. Per questo da un'epoca all'altra il concetto di Paradiso o quello di Utopia cambiano. Nella società preindustriale il Paradiso era descritto come un luogo di infinito riposo, e lastricato d'oro, perché l'essere umano medio conosceva solo la fatica del lavoro e la povertà. Le urì del Paradiso musulmano riflettevano una società poligama dove la maggior parte delle donne scomparivano negli harem dei ricchi. Ma queste immagini di «eterna beatitudine» sono sempre poco attraenti perché quando la beatitudine diventa eterna (eternità intesa come tempo infinito), il termine di paragone scompare. Alcuni motivi convenzionali radicati nella nostra letteratura sono nati da condizioni fisiche che ora hanno cessato di esistere. Ne è un esempio il culto della primavera. Nel Medioevo la primavera non significava rondini e fiori di campo. Significava verdura, latte e carne fresca dopo vari mesi di maiale salato consumato in capanne fumose e prive di finestre. I canti della primavera erano allegri perché c'erano buone ragioni per rallegrarsi:

Do nothing but eat and make good cheer,
and praise God for the merry year
when flesh is cheap and females dear,
and lusty lads roam here and there,
so merrily,
and ever among so merrily.
[Shakespeare, *Henry IV*, 5, 3 (*n.d.r.*)]

L'inverno era finito, questo era il fatto principale. Lo stesso Natale, una festa precristiana, è probabilmente nato perché, di tanto in tanto, mangiate e bevute fuori del comune aiutavano a interrompere l'insopportabile inverno nordico.

L'incapacità del genere umano di immaginare la felicità in forme diverse dalla liberazione dalla fatica o dal dolore pone ai socialisti un grave problema. Dickens sa descrivere una famiglia stretta dalla povertà che si butta su un'anatra arrosto, e farla apparire felice; allo stesso tempo, gli abitanti di universi perfetti non mostrano nessuna allegria spontanea e sono di solito assai poco attraenti. Ma ovviamente noi non vogliamo il mondo descritto da Dickens, né, probabilmente, nessuno dei mondi che avrebbe potuto immaginare. L'obiettivo dei socialisti non è una società dove alla fine tutto si risolve perché vecchi signori gentili regalano tacchini. Il nostro obiettivo non è forse una società in cui la «carità» non sia necessaria? Vogliamo un mondo in cui Scrooge, con i suoi dividendi, e Tiny Tim, con la sua gamba storpia, siano entrambi impensabili. Significa che aspiriamo a un'Utopia senza dolore?

A rischio di dire una cosa che i redattori del *Tribune* potrebbero non approvare, affermo che il vero scopo del socialismo non è la felicità. La felicità finora è stata una conseguenza occasionale e, per quel che ne sappiamo, potrebbe rimanere tale. Il vero scopo del socialismo è la fratellanza umana. Spesso lo si pensa, ma di solito non lo si dice, o non lo si dice a voce abbastanza alta. Gli uomini passano la vita in strazianti lotte politiche, si uccidono in guerre civili, o vengono torturati nelle prigioni della Gestapo, non per costruire un qualche Paradiso con riscaldamento centralizzato, aria condizionata e illuminazione al neon, ma perché vogliono un mondo in cui gli esseri umani si amino, anziché derubarsi e uccidersi a vicenda. Questo è per loro un primo passo. Quale direzione poi prenderanno non è dato sapere, e il tentativo di prevederlo accuratamente non fa che confondere le cose.

Il pensiero socialista deve immaginare un futuro, ma solo in senso lato. Spesso bisogna tendere a obiettivi che si vedono solo in modo indistinto. In questo momento, ad esempio, il mondo è in guerra e vuole la pace. Il mondo, però, non ha esperienza di pace, non ne ha mai avuta, a meno che non sia esistito il Buon Selvaggio. Il mondo vuole qualcosa della cui esistenza è solo vagamente consapevole, che non riesce a definire con precisione.

Questo Natale migliaia di uomini verseranno il loro sangue sulla neve russa, o annegheranno in acque gelate, o si faranno a pezzi nelle isole paludose del Pacifico; bambini senza casa andranno in cerca di cibo tra le rovine delle città tedesche. Far sì che questo non accada più è giusto. Ma dire con precisione come sarà un mondo in pace è tutt'altra cosa.

Quasi tutti i creatori di Utopie facevano pensare a un uomo con il mal di denti, per il quale la felicità consiste quindi nel non avere mal di denti. Volevano costruire una società perfetta prolungando all'infinito una condizione apprezzabile solo perché temporanea. Sarebbe meglio dire che ci sono delle linee lungo le quali l'umanità deve muoversi, che il disegno strategico è tracciato, ma che fare previsioni dettagliate non è affar nostro. Chiunque cerchi di immaginare la perfezione ne mette in luce solo la vacuità. È successo anche a un grande scrittore come Swift, che sa mettere perfettamente alla berlina un vescovo o un uomo politico: quando cerca però di creare un superuomo, ci dà l'impressione, opposta alle sue intenzioni, che i maleodoranti Yahoo avessero più possibilità di evolversi degli illuminati Houyhnhnms.

Sulla Fattoria degli Animali
*di Guido Bulla**

Secondo Goethe è impossibile giudicare un'opera che abbia riportato troppo successo, e *Animal Farm*, a cui è legato per sempre il nome di George Orwell, è uno dei libri più letti al mondo. Dal giorno della pubblicazione (17 agosto 1945) la sua fortuna non ha mai accennato a declinare.

Nella seconda metà del 1949, costretto per l'ennesima volta in un letto d'ospedale, Orwell detta, probabilmente alla seconda moglie Sonia Brownell, una serie di note, osservazioni, modifiche riguardanti un po' tutta la sua produzione narrativa e saggistica (*Complete Works*, XX, pp. 223-30). La ricognizione, che conserva per noi il sapore di un testamento, ha lo scopo di effettuare una cernita in vista di possibili riedizioni (il 13 maggio 1948 la Secker & Warburg ha dato il via alla *Uniform Edition*

* Tratto da «Note e notizie sui testi», in appendice al «Meridiano» dedicato a *George Orwell,* curato da Guido Bulla, Mondadori, Milano 2000, pp. 1.653-9. È questa anche un'occasione per ricordare la figura di Guido Bulla (precocemente scomparso nel 2015), grande anglista e docente all'Università di Roma, che ebbi modo di frequentare in amicizia e con cui ho condiviso la traduzione della celebre poesia di R. Kipling, *If* (da me pubblicata nel libro di Hilda Gadea nel 1995). Dei molti suoi contributi alla conoscenza di Orwell va ricordato anche il prodotto multimediatico *«La fattoria degli Animali» raccontata da Guido Bulla*. Con lui avrei avuto piacere di discutere alcuni problemi legati alla traduzione di questo libro, divergente dalla sua in alcuni aspetti importanti [*nota di R. Massari*].

delle opere di Orwell, riproponendo come primo volume il romanzo *Una boccata d'aria*). La *Fattoria degli Animali*, uscita da poco più di quattro anni, era stata già tradotta, annota l'autore, nelle seguenti lingue: francese, tedesco, italiano, spagnolo, portoghese, svedese, olandese, norvegese, danese, polacco, ucraino, estone, persiano, coreano, giapponese, ceco, islandese, russo e forse anche in ebraico moderno, nel portoghese di Curaçao e in una serie di lingue (gujarati, bengali, telegu) diffuse nel subcontinente indiano. Non finisce qui: esiste anche una versione in francese per il mercato belga e, soprattutto, ci sono le edizioni americane con le loro vendite astronomiche (alle 25.000 copie stampate a più riprese da Secker tra l'agosto 1945 e il maggio 1949 vengono infatti a sommarsi le 50.000 della Harcourt & Brace di New York e l'incredibile mezzo milione di copie inviate agli abbonati del «Book-of-the-Month Club). Se Orwell fosse vissuto fino al 1952 avrebbe potuto includere nella lista perlomeno le due edizioni della Penguin: centomila copie complessive a partire dal luglio 1951.

Sorte davvero bizzarra per un libro che era partito malissimo, come lo stesso Orwell testimonia nella Prefazione alla traduzione ucraina del testo e, soprattutto, nel velenoso saggio intitolo «La libertà di stampa» - una premessa al romanzo mai usata, scritta nell'estate del 1945 e scoperta solo nel 1971 da Bernard Crick. Nel primo di questi documenti lo scrittore fornisce al suo pubblico, costituito nel caso specifico da esuli ucraini in Germania, marxisti convinti ma fieramente avversi allo stalinismo, alcuni ragguagli sulla genesi e gli scopi della sua favola moderna:

Da una decina d'anni sono convinto che la distruzione del mito sovietico sia essenziale se desideriamo una ripresa del movimento socialista.

Al mio ritorno dalla Spagna ho pensato di smascherare il mito sovietico tramite una storia che potesse essere facilmente compresa da quasi tutti e che fosse agevolmente traducibile in altre lingue. I particolari concreti della vicenda mi vennero però in mente il giorno in cui (allora vivevo in un piccolo villaggio) vidi un bambino sui dieci annni che spingeva per un angusto viottolo un enorme cavallo da tiro, frustandolo ogni volta che cercava di voltarsi. Mi colpì l'idea che se animali come quello riuscissero ad acquistare coscienza della propria forza saremmo impotenti contro di loro, e che gli uomini sfruttano gli animali in modo analogo a come i ricchi sfruttano i proletari.

Presi allora ad analizzare la teoria marxista dal punto di vista degli animali. Mi è apparso chiaro che per questi ultimi il concetto di lotta di classe fra esseri umani non è altro che un inganno, poiché ogni volta che è stato necessario sfruttare gli animali, tutti gli uomini si sono trovati uniti contro di loro: la vera lotta era quella fra animali ed esseri umani. Partendo da questo assunto iniziale, non è stato difficile elaborare il racconto. Ho trovato il tempo di scriverlo solo nel 1943 perché prima ero troppo impegnato con altri lavori [...].

Sull'opera non voglio fare commenti; se non parla da sola è un fallimento. Ma vorrei evidenziare due punti: il primo è che, per la simmetria del racconto, i vari episodi, pur essendo tratti da fatti reali della Rivoluzione russa, vengono presentati in modo schematico e secondo un diverso ordine cronologico. Il secondo punto è passato inosservato a molti critici, forse perché non l'ho sottolineato a sufficienza. Alcuni lettori possono riportare l'impressione che il libro termini con la completa riconciliazione fra i maiali e gli esseri umani. Non intendevo dire questo; al contrario, io volevo che finisse con una stridente nota di discordia, poiché ho scritto quella parte immediatamente dopo la Conferenza di Teheran, che tutti pensavano avesse stabilito le migliori relazioni possibili fra l'Urss e l'Occidente. Personalmente non credevo che tali rapporti sarebbero rimasti buoni a lungo; e come i fatti hanno poi dimostrato, non sbagliavo di molto (*Complete Works*, XIX, pp. 86-9).

In questo brano, scritto nel marzo 1947, Orwell omette di riferire ai rifugiati ucraini il vero calvario editoriale toccato in sorte al libro. *La Fattoria degli Animali* si conclude con le parole THE END, che spesso Orwell pretese di vedere in calce alle proprie opere. Ma tra la fine della narrazione e il fatidico e tradizionale suggello l'autore volle che, eccezionalmente, figurassero *in testo* anche i tempi di composizione: «November 1943-February 1944». Fra la stesura e l'uscita della *Fattoria* intercorrono sedici mesi: un intervallo che evidentemente Orwell intendeva rimarcare.

Quei sedici mesi sono stati per lui un periodo difficile. L'inizio della stesura del libro coincide con l'abbandono dell'impiego alla Bbc - due anni di attività intensa e spesso assai poco gratificante - e con l'accettazione dell'incarico di direttore letterario presso la rivista *Tribune*. Orwell torna dunque al suo lavoro di giornalista della carta stampata, ma soprattutto riprende a dedicarsi metodicamente al suo mestiere di scrittore: in tre mesi, come si è visto, concretizza un'idea che coltivava ormai da sei anni. Non mancano altre soddisfazioni. Nel giugno del 1944, George ed Eileen adottano un bambino, che chiamano Richard. Il prestigio di Orwell come giornalista è in aumento. Quotidiani importanti gli chiedono di collaborare con saggi, articoli, recensioni. Nel febbraio-marzo del 1945 viene inviato in Francia e in Germania in qualità di corrispondente di guerra (o meglio, di ciò che resta dopo la guerra).

Ma le soddisfazioni finscono qui: lo scrittore deve interrompere il suo soggiorno alla notizia improvvisa che Eileen è morta il 29 marzo, a 39 anni, nel corso di un'isterectomia. L'anestesia le è stata fatale. Anche lui viene ricoverato per qualche giorno presso un ospedale di Colonia per i soliti problemi polmonari. A giugno, comunque, ha già cominciato a lavorare a un nuovo romanzo, una strana opera ambientata nel futuro che nei suoi taccuini chiama ancora *The last man in Europe* (L'ultimo uomo d'Europa) e che, con il titolo di *1984*, farà il giro del mondo. Ma per il momento Orwell vive giorni di tristezza e profonda frustrazione. *La Fattoria degli Animali* non è stata ancora pubblicata.

L'8 maggio 1945 si registra la resa del Giappone ed è la fine della guerra in Europa.

Il dattiloscritto de *La Fattoria degli Animali* si trova nelle mani dell'editore Secker & Warburg, ultima tappa di un percorso che ha dell'incredibile. Bisogna fare un passo indietro. I guai sono cominciati nel momento stesso in cui si è reso necessario cercare un editore. Gollancz, che ha dato alle stampe praticamente tutte le opere di Orwell tranne *Omaggio alla Catalogna*, respinge, ancora una volta per divergenze politiche, anche *La Fattoria degli Animali*, precisando di non essere stalinista, ma di ritenere che il libro sferri un attacco troppo duro ed eccessivamente generalizzato all'Unione Sovietica. Il dattiloscritto viene proposto ad André Deutsch, il futuro editore che per il momento è ancora un impiegato della Nicholson & Watson: niente da fare. Per un breve periodo Deutsch crede di poter pubblicare l'opera in proprio ma, oltre che l'aspetto economico, lo dissuade il rigoroso e sorvegliatissimo razionamento bellico della carta.

Si tenta con Jonathan Cape, grande nome dell'editoria londinese. Cape inizialmente non obietta ai contenuti dell'opera, ma poi, assalito dagli scrupoli, sottopone il testo a un amico, un alto funzionario del ministero dell'Informazione. Riceve una risposta nettamente dissuasiva e una lettera che lo invita con molta decisione a non pubblicare un libro che potrebbe addirittura compromettere i rapporti fra il Regno Unito e l'alleato sovietico (è questa la lettera che Orwell cita in modo sprezzante nel saggio «La libertà di stampa»). È poi la volta della Faber & Faber, e si ripete un vecchio copione: tocca di nuovo a T.S. Eliot farsi portavoce di un rifiuto. Il poeta avanza lusinghieri paragoni con Swift, rileva la matrice trotskista della favola, ma ne critica l'impostazione unicamente distruttiva.

E siamo all'estate del 1944. Orwell sta considerando l'ipotesi di pubblicare il libro a proprie spese, tanto che ha già chiesto un prestito di 200 sterline al facoltoso amico David Astor. È un periodo di avvilimento che sembra riportare il quarantenne Orwell, ormai scrittore e soprattutto giornalista affermato, ai tempi dei suoi difficili esordi letterari. L'americana Dial Press ha intanto respinto il libro sulla base della geniale motivazione che «è impossibile vendere storie di animali in Usa». Falliscono anche i contatti con la Freedom Press, piccola casa editrice anarchica su cui un grande amico di Orwell, lo scrittore George Woodcock, ha molta influenza. Fra i collaboratori di Woodcock figurano però molti pacifisti che non hanno mai perdonato a Orwell una serie di attacchi subiti all'inizio del conflitto. Insomma, non se ne fa niente.

Per un breve periodo Orwell pensa alla Whitman Press del poeta Paul Potts, singolare personaggio che vende le proprie composizioni nei pub londinesi. Infine torna all'ipotesi, in un primo momento accantonata, di rivolgersi alla

Secker & Warburg (idea che ha inizialmente escluso perché ritiene che questa sua opera, la prima di cui si senta interamente soddisfatto, meriti un editore di maggior peso). A fine luglio decide dunque di affidare alla Secker & Warburg un dattiloscritto ormai incredibilmente sgualcito (il 28 giugno è stato addirittura recuperato, circostanza quasi simbolica, fra i calcinacci dell'appartamento dello scrittore, semidistrutto da una bomba). Fredric Warburg, che nel 1938 ha avuto il coraggio di pubblicare *Omaggio alla Catalogna*, è propenso ad accettare, ma non è sicuro di riuscire a procurarsi la carta necessaria. La mancanza di carta (anche se Orwell è intimamente convinto che l'editore temporeggi per attendere la fine della guerra) fa sì che il volume subisca l'ennesimo ritardo e resti in lavorazione per più di un anno.

Alla fine di questa tormentata odissea (di cui si può trovare una descrizione assai più dettagliata in Bernard Crick, *George Orwell. A life*, Secker & Warburg, London 1980, cap. 14), *La Fattoria degli Animali* vede la luce il 17 agosto 1945. (L'unica traduzione italiana precedente a quella qui presentata [dello stesso Bulla (*n.d.r.*)] è di Bruno Tasso, Mondadori, Milano 1947).

Per favorire la comprensione del testo, può essere utile ricordare in questa sede, quantunque in forma molto schematica, i personaggi e i fatti salienti della Rivoluzione sovietica che, in modo necessariamente condensato e stilizzato, trovano un corrispettivo allegorico ne *La Fattoria degli Animali*.

Le prime evidentissime equivalenze sono quelle Napoleon/Stalin e Snowball/Trotsky*, ribadite anche nei

* Bulla utilizza qui i nomi degli animali nella traduzione da lui

contrasti fra i due personaggi in materia di economia e di politica estera (si vedano, nel terzo e quinto capitolo, le loro divergenze a proposito dell'industrializzazione).

Jones, ubriaco, violento, circondato di collaboratori infingardi, è inteso a suggerire lo zar Nicola II con la sua macchinosa e inefficiente burocrazia.

Il Vecchio Maggiore, capostipite più o meno volontario dell'oligarchia suina, è Lenin, in quanto attivista e agitatore di pimo piano (le sfilate degli animali accanto al suo teschio ricordano analoghe processioni nella Piazza Rossa di Mosca davanti al Mausoleo contenente il corpo imbalsamato del capo rivoluzionario); ma è anche Marx, in quanto teorizzatore del materialismo storico (si faccia caso a come nel suo lungo discorso egli anteponga in termini marxiani l'analisi dei rapporti di produzione e delle condizioni materiali di vita degli animali al racconto del sogno, cioè all'elemento utopistico).

La preminenza acquisita dai maiali dopo la Ribellione riflette, naturalmente, la presa del potere da parte dei bolscevichi dopo la Rivoluzione d'ottobre (1917).

Il primo attacco degli esseri umani alla Fattoria degli Animali (la «battaglia della Stalla» descritta nel quarto

adottata per la propria versione del libro. Per evitare ulteriore confusione noi lasciamo anche qui i nomi nell'originale inglese, per le ragioni già indicate nella nota a p. 8. Vorremmo solo aggiungere che, esaminando altre traduzioni del libro (a stampa o in Rete) si trovano i nomi trasformati nelle più strane e fantasiose varianti (come del resto aveva già fatto in maniera del tutto arbitraria Bruno Tasso che li aveva italianizzati senza nemmeno cercare di tradurli). Speriamo quindi di aver contribuito, con la nostra decisione editoriale, a porre termine a questa giostra incomprensibile [*n.d.r.*].

capitolo) rappresenta probabilmente l'aggressione dell'esercito «bianco» nel 1919 (e non casualmente Jones viene spalleggiato da uomini delle fattorie vicine, così come nella realtà storica le forze dei «bianchi» comprendevano truppe britanniche, polacche, francesi eccetera).

L'abilità strategica di Snowball nella conduzione della battaglia riflette le doti di Trotsky come organizzatore dell'Armata Rossa.

I rapporti commerciali fra Napoleon e il mercato di Willingdon e la sua assunzione del signor Whymper ricordano le aperture dettate dalla Nuova politica economica di Lenin (Nep).

L'espulsione di Trotsky (1929) è raffigurata tramite la sanguinosa cacciata di Snowball (nel capitolo quinto, in cui si presenta anche l'inizio delle «purghe» staliniane del 1936-38 e opportunamente vengono uccisi anche alcuni maiali, cioè alcuni rappresentanti dell'oligarchia al potere che disturbano le mire egemoniche del «Capo»).

Le varie costruzioni del mulino indicano, come è facile intuire, l'industrializzazione a tappe forzate cui Stalin dà il via nel 1928 con i successivi piani quinquennali (le sanguinose collettivizzazioni agricole e la resistenza di molti proprietari sono evidentemente trasposte nell'episodio della rivolta delle galline narrato nel settimo capitolo).

Bestie d'Inghilterra è la versione animale dell'inno nazionale sovietico, noto come l'*Internazionale*; e la sua soppressione (nel settimo capitolo) corrisponde all'analoga iniziativa di Stalin che nel dicembre del 1943 rinunciò all'inno come gesto di distensione nei confronti dei suoi alleati capitalistici.

Esiste poi una serie di personaggi che non rimandano a

figure ben individuabili, ma hanno implicazioni «collettive»: dietro Boxer traspare palesemente l'immagine semileggendaria del minatore Aleksej Stachanov, con la sua immensa capacità di lavoro e la dedizione assoluta e acritica al Partito. Clover ne è un po' il corrispettivo femminile*.

Squealer è il disonesto rappresentante della propaganda totalitaria, l'addetto alle pubbliche relazioni, l'intellettuale corrotto e abile nella manipolazione delle parole, il funzionario pronto a falsificare la verità storica.

Mollie, la cavallina viziata che preferisce le mollezze del capitalismo al sobrio contesto rivoluzionario, potrebbe rappresentare le centinaia di pseudonobili russi in esilio di cui pullulavano, subito dopo la Rivoluzione, le strade di città come Parigi.

Il corvo Moses simboleggia la Chiesa ortodossa, che Orwell accusa esplicitamente di adattarsi a qualunque potere; o anche, in termini più generali, la religione che diventa docile strumento dei governanti di turno, distraendo gli uomini dagli ideali di giustizia terrena.

I cani corrispondono alla Čeka, la polizia politica che più tardi divenne la famigerata Gpu.

Più inquietante la figura, in realtà appena abbozzata, di Minimus il poeta asservito al regime, dietro cui, giocando

* In realtà sembrerebbe rimandare alla figura di Aleksandra Kollontaj, dirigente dell'Opposizione operaia, bolscevica di sinistra, femminista e scrittrice, sfuggita miracolosamente allo sterminio della vecchia guardia da parte di Stalin, sia perché si defilò in tempo dalla battaglia delle opposizioni al gruppo dirigente staliniano, sia perché dal 1925 al 1945 visse all'estero come ambasciatrice: in Messico, Norvegia e Svezia. Vedi la nostra nota a p. 116 [*n.d.r.*].

sull'inversione del nome, Orwell intende forse presentare, piuttosto ingenerosamente, lo scrittore Maksim Gor'kij.

Le manovre della diplomazia staliniana sono leggibili nelle oscillanti relazioni che Napoleon stabilisce alternativamente con Pilkington (l'Inghilterra o i paesi capitalistici in genere) e Frederick (Hitler e la Germania nazista). L'improvvisa vendita del legname a quest'ultimo è una ripresa parodistica del patto nazi-sovietico del 23 agosto 1939* e della sorpresa che esso provocò nell'opinione pubblica mondiale. L'aggressione di Frederick alla Fattoria trova riscontro nell'Operazione Barbarossa con cui, all'alba del 22 giugno 1941, scattò l'aggressione nazista contro l'Unione Sovietica (e la battaglia del Mulino equivale quindi alla vittoria di Stalingrado).

Dietro la scena finale del libro, la riunione amichevole fra i leader suini, ormai ampiamente ex rivoluzionari, e i rappresentanti delle potenze capitalistiche, si legge chiaramente in filigrana la prima Conferenza di Teheran (1943).

Naturalmente il lettore troverà da sé molte altre corrispondenze; ma soprattutto, oltre alla genialità del «trattamento» della storia, potrà apprezzare le innumerevoli piccole invenzioni che Orwell ha disseminato a ogni passo nella sua narrazione (non sfugga, tra le altre cose, l'ostinata, sottile perfidia che induce lo scrittore a evitare la parola «Rivoluzione», a cui viene sistematicamente preferito - certamente per suggerire l'episodicità e l'epidermicità del cambiamento avvenuto nella Fattoria - il termine «Ribellione»).

* In realtà allude anche ai rifornimenti di carbone che Stalin continuò ad assicurare alla Germania hitleriana in piena Guerra civile spagnola: un fatto di cui Orwell aveva conoscenza diretta [*n.d.r.*].

Nota bibliografica

Fondamentale nel campo degli studi orwelliani è stata la pubblicazione, in 20 volumi, dei Complete Works of George Orwell *curati da Peter Davison. Buona parte degli scritti presentati per la prima volta al pubblico in tale veste sono custoditi presso il George Orwell Archive del London University College che, anche per la sua vasta collezione di testi critici sull'autore, rimane un punto di riferimento essenziale per gli studiosi di Orwell.*

The Complete Works of George Orwell, *Secker & Warburg, London 1986-98. I voll. I-IX sono curati interamente da Peter Davison; i voll. X-XX sono curati da P. Davison con l'assistenza di Ian Angus e Sheila Davison* [G. Bulla, 2000].

1. *Down and out in Paris and London,* 1986
2. *Burmese days*, 1986
3. *A clergyman's daughter*, 1986
4. *Keep the aspidistra flying*, 1986
5. *The road to Wigan Pier*, 1986
6. *Homage to Catalonia*, 1986
7. *Coming up for air*, 1986
8. *Animal Farm. A fairy story*, 1986
9. *Nineteen eighty-four*, 1986
10. *A kind of compulsion. 1903-1936*, 1998
11. *Facing unpleasant facts. 1937-1939*, 1998
12. *A patriot after all. 1940-1941*, 1998
13. *All propaganda is lies. 1941-1942*, 1998
14. *Keeping our little corner clean. 1941-1942*, 1998
15. *Two wasted years. 1943*, 1998
16. *I have tried to tell the truth. 1943-1944*, 1998
17. *I belong to the Left. 1945*, 1998
18. *Smothered under journalism. 1946*, 1998
19. *It is what I think. 1947-1948*, 1998
20. *Our job is to make life worth living. 1949-1950*, 1998

Aldous Huxley
PRODE MONDO NUOVO
e RITORNO A *PRODE MONDO NUOVO* nuova traduzione
di R Cruciani pp. 384 - € 20

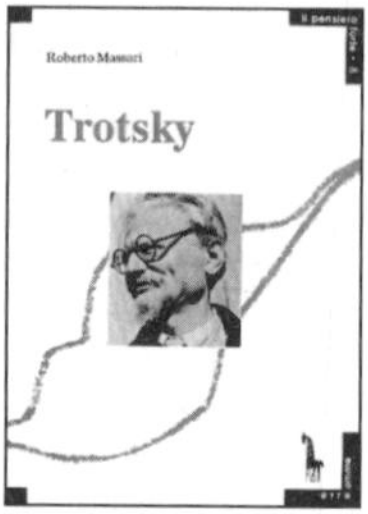

Roberto Massari
TROTSKY
pp. 352 - € 10,33
(1990, 2004)

André Breton
ENTRETIENS
Storia del surrealismo
trad. di L. Maitan e A. Schwarz
pp. 160 - € 7,23

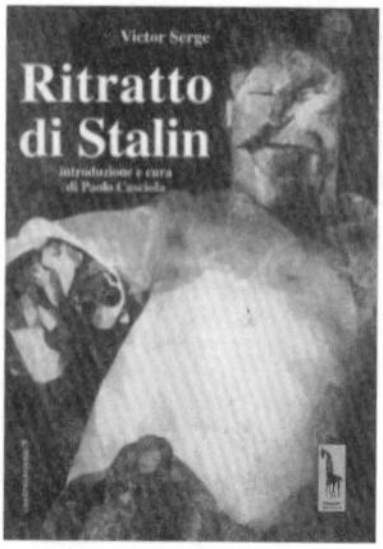

Andrés Nin
TERRA E LIBERTÀ
Scritti 1931-1937
trad. di Titti Pierini, testi
di J. Andrade e L. Trotsky
pp. 352 - € 13,43

Victor Serge
RITRATTO DI STALIN
a cura di P. Casciola
pp. 176 - 12 foto - € 14

Victor Serge
CARNETS (1936-1947)
a cura di C. Albertani-C. Rioux
trad. di Antonella Marazzi
ediz. it. a cura di R. Massari
pp. 384 (form. 17 x 24) - € 24

Puoi richiederli in libreria o per posta. Le istruzioni per l'acquisto diretto (e per ricevere il catalogo) puoi chiederle scrivendoci all'indirizzo e-mail
erre.emme@enjoy.it www.massarieditore.it
Massari editore - C.P. 89 - 01023 Bolsena (VT)